かりものの理に生きる

竹川俊治
天理教飾大分教会前会長

天理教道友社

まえがき

私は十八歳のときに、父親の遺言が手引きとなって別席を運び、そしてよふぼくとなった。それから六十年が過ぎた。

六十年といえば還暦を意味する。よふぼく人生の次の新たなる出発の旬《とき》を迎えたわけであるが、そんなときに本書を出版していただくのは、なにか偶然でないようにも思え、これからの何らかの〝予兆〟を感じるといえば、いささか大げさであろうか。

教会長を四十二年、また教内外のいろいろな立場や持ち場を経験させていただきながら、とにかく道一筋に通らせていただくことができた。

私はいま、よくぞお道の信仰をさせていただいたものだと、肚《はら》の底から喜びと感謝が込み上げてくる。外形はともかく、わが心の歩みは決して平坦《へいたん》なものではなく、時には意気消沈したり、迷いの中で自分自身の居場所を見失ったことも一度や二度ではない。大きな身上や事情を与えられながらも「破局」に至ることなく、蘇生《そせい》・再生をさせていただくことができ、をやにお連れ通りいただいたことを、身にしみて実感させていただくのである。

「節」というものは、ありがたいものである。迷いや、間違った考え方や通り方、あるいは偏見や固定観念といったものに縛《しば》られ、振り回されていたがために、「節」を与えられ、「節」を通してをやの思召《おぼしめし》や親心の一端にふれ、そこから脱出し、新たな道に踏み出すことができて、まさに「節から芽が出る」ことを実感体得させていただいている。

本書の中でも時折ふれているが、それは「かりものの理に生きる」ということを学び、ささやかでも実践できるようになったからである。

これは、私という一個人の狭く浅い体験であるかもしれない。だが、これは私だけの特殊で個別な経験にすぎないものであろうか。私はそう思いたくないし、また、そう思ってはならないという、をやの思召を感じるのである。

世上では、再生か破局かの分岐点に立っていることを「危機」という。現在、教育の危機、日本の危機などと論議が沸騰《ふっとう》しているが、人間個人はもちろんのこと、企業や集団、あるいは社会全体、国全体の「危機」について、そんな「危機」をもたらすようになった根本の原因は当然あるはずであり、それを時代の流れとか社会状況などの外的要因ではなく、それは人間の心に根差すもの、精神的な要素が原因であると考えたい。

私の経験に則していえば、平成五年（一九九三年）の私の胃がんという身上は、大きな「節」であった。従来の私の生き方、考え方のすべてが、この「節」を招来した根本原因であった。そして、いささかなりとも私の心の立て替えによって、私はたすけていただき、新しい道に踏み出させていただくようになったと思っている。「節」がなければ、それはできなかったとさえ思っている。

教祖百二十年祭も終わり、「次」なる目標に向かって、お道はいま、大きく羽ばたこうとしている。ただいまは正真正銘の「節」のただ中にあると悟らせていただくのだが、この「節」が起きてくる根本原因は、先にふれたように、時代の流れや社会状況にあるのではなく、この道を歩む私たちよふぼく自身の内にある。すなわち、従来の信仰の内実が、厳しくをやによって問われているのである。それを検討反省し、革《あらた》める方向を見定め、覚悟を決めて、実践させていただきたいと思う。

革める方向とは、「かりものの理に生きる」ということであると、私は確信している。この道の信仰の最も重要なる基本が、希薄になり軽視されているのではないかと私は考える。

かしもの・かりものの教えについて、をやは「生涯の理を諭す」から「よく聞き分け」、「難しい事は一つも言わん」（おかきさげ）とて、よふぼく一人ひとりに教えておられるのである。「聞き分け」るとは、かりものの理に生きることによって、をやにお応《こた》えするということである。

貸し主である親神様ご自身が、私が貸し主である、と明言され、この素晴らしい人間身の内（わたしの体）を、親神様は私の魂を信用し信頼して貸してくださされている。私自身、まことに素晴らしい徳を戴《いただ》いているのだ。これほど大きな徳はないのだと自覚したい（これは人間である以上、すべての人に妥当する真実である）。

さて、人間としての生きがい、ということについて述べてみたい。

「わが信ずる大義に向かい〝狂〟となって突っ走ることに生きがいを見いだしている」

これは、幕末という天下動乱の時に、身命を賭《と》して奔走した志士たちの生き方を言い表した歴史家（奈良本辰也《ならもとたつや》）の文章の一節である。

人間精神の不思議さ、勁《つよ》さ、深さの一面を語るものであるが、生きがいとは、「心一つが我がの理」（おかきさげ）の自主的で積極的な行使によってのみ、初めて体得できるものであるのは言うまでもない。凛々《りんりん》たる精神に貫かれたもので、単なる喜びや嬉《うれ》しさ、楽しさだけではないようである。

ところで、私の生きがいは、そんな高級なものではないが、私の反省の糧《かて》として、私なりのものについてふれてみたい。

私の心の性癖、あるいは、いんねんなのであろうか、私固有の生きがいの一つに、布教を挙げることができる。たとえば、中国への布教実践もその一つと言えるかもしれない。

私の両親は、大正時代の初め、結婚して間もなく、大阪での単独布教を切り上げ、中国の旅順《りょじゅん》（現・大連市《だいれんし》）へ布教に赴《おもむ》いた。母の姉が貿易商を営む中国人と結婚し、本店のあった旅順に住んでいるのを足掛かりにしての布教であった。

ところが、いかなるをやの思召か、半年も経《た》たぬうちに、父は左足首骨折という大きな身上お手入れを頂き、中国布教を中断して大阪へ帰り、大正十二年（一九二三年）に大阪市港区《みなと》で教会名称の理（飾大宣教所《しきだい》）のお許しを戴いた。だが、中国布教を断念したのではなく、その後も時々旅順へ行っていたようである。伯母《おば》も、当時六歳の二男を連れて六カ月の教校別科を卒《お》え（昭和十年七月）、旅順で熱心に信仰を続けていた。

昭和二十年（一九四五年）八月の敗戦。その直前から、伯母一家の消息が途絶えた。戦後もあらゆるルートから探索を続けたが、何の手掛かりも得られず、あきらめざるを得なかった。

昭和四十一年、全くの偶然から、私は中国へ行くことができた。まだ国交回復の前で、「孫文《そんぶん》生誕百周年記念友好使節団」の一員にもぐり込むことができ、中国政府の招聘《しょうへい》で約一カ月間、中国各地を訪問した。もちろん、伯母一家の消息を求めるうえにも手を尽くしたのは当然である。

四十年以上も経ったので、いまでこそ正直に述べることも許されるであろうが、私の中国訪問について、さまざまな悶着《もんちゃく》があった。

十一月一日、東京・羽田《はねだ》空港から中国へ飛び立つ前夜、私は東京都内にある部内教会に泊まっていると、飾東《しきとう》大教会長様から突然電話がかかった。

「中国へ行くそうだが、きょう、海外布教伝道部（現・海外部）から、現職の教会長が中国へ行っては他の国の反発を招き、その国での布教が不利になるから、中国へ行くのを中止するようにとの連絡があった」という内容であった。

私は驚いた。電話で長時間話し合いをさせていただいたが、結果、私は予定通り羽田から出発した。大教会長様には種々ご迷惑をかけ、困らせ、お叱《しか》りを受け、申し訳ないと思いながら、小心者の私がそんな行動をとったのには、いまから思うと、私の両親の中国への執念と、私の頑固な性格がそうさせたのだと思わざるを得ない。

だが、この中国訪問は、言葉に尽くせない貴重な体験となった。私のお道の信仰に対する姿勢、また世界を見る目に衝撃的な影響を与えられたと現在でも思っている。

一九六六年春に火を吹いた「中国文化大革命」――二十世紀後半の全世界を揺るがせた世界史的な大事件――の真っ最中に中国本土の土を踏み、社会動乱の凄絶《せいぜつ》な臨場感、また、歴史が動く鼓動のようなものを肌に感じる思いであった。

さらに、お道の信仰について、一から学び直す契機を突きつけられたように思った。そして、教祖の御《み》教えは、この世を立て替える世界たすけのための実践的な教えであり、そのための具体的な生き方、方法を教えていただいているということを確信するようになっていった。

私の生きがいとは、私の心に期する目標を達成するために、果敢《かかん》に突き進むことであり、中国への布教実践も具体的で現実的な一つの現れである。それは私の両親の中国への執念らしきものが、私の体にも脈々と波打っていると感じられるからである。

ちなみに、伯母一家の消息は、それから十数年も過ぎて、伯母の二男と私が中国江《こう》西《せい》省南昌《なんしょう》市で、四十年ぶりに再会することができて、ようやくその詳細が明らかとなった。『天理時報』（立教170年6月17日号）に掲載された上海《シャンハイ》市の大学での私の講義が実現したのも、この流れに関連して生じたものである。

大きな目で私の生涯を省みるとき、私は、をやに見守られ、お育ていただきながら、お連れ通りいただいていることを、あらためて実感させていただくのである。折にふれて、肚の底から込み上げてくるこの喜びを、適切に表現する言葉は見いだせない。ただただ、ありがたいの一語に尽きる思いである。

目次

第二部　わが心より真実を見よ

教祖百二十年祭へ向かって【立教一六六年七月―一六七年十二月】

年祭活動〝仕上げの年〟【立教一六八年一月—十二月】

カバー・本文装画……青山文治
装丁……森本　誠

第一部

かりものの理に生きる

肚の底から込み上げる喜び

最近しばしば、かりものの理について、さらに一段と深い自覚を促される経験をさせていただき、この理のありがたくも嬉《うれ》しい一面を教えていただけるように思うのである。その経験の一つを紹介したい。

平成十八年（二〇〇六年）六月末、関西空港から中国上海《シャンハイ》市へ出向いたときだった。出発前からいささか体調をくずし、あまり食欲もなく微熱もあったが、風邪《かぜ》でも引いたのかと、そんなに気にもしていなかった。三、四日も続いただろうか。

六月二十七日に修養科中国語クラスを修了し、翌二十八日に帰国した上海在住の一婦人宅に、神様をお祀《まつ》りさせていただくことになっていた。修養科に入る前から心定めをしており、修養科修了と同時に神様をお迎えする予定で、その日を七月三日と決めていたのである。

お社《やしろ》や三方《さんぼう》などの神具一式は、おぢばの神具店で購《あがな》い、その一部を本人が帰国時に持ち帰り、神実《かんざね》様と他の神具（組み立て式の神棚《かみだな》など）は私が持参したのだが、体調のせいか手荷物がいつになく重く感じられた。お祀りする前日の七月二日には、食事も取らず横になることが多かった。その夜は御供《ごく》を頂き、早々に床に就《つ》いた。三日の朝は、いつもより早く目が覚めた。ところが微熱もなく、身体《からだ》も軽く、平常通りに身体を動かせていただけることに、心から嬉しいという感慨が湧《わ》いてくるのであった。就寝前には、果たして明日は頭が上がるかと一抹《いちまつ》の不安感もあったので、ありがたいと心底から喜びが込み上げてくるのであった。親神様・教祖《おやさま》にお礼を申さずにはおれなかった。

　鎮座祭は無事、結構に勤めさせていただくことができた。前年（平成十七年）七月に、やはり修養科中国語クラスを修了した上海市の郊外に住む男性も、早くから参拝に来てくれ、わずか数人であるが楽しく勤めることができた。ただ、座りづとめはみんな揃《そろ》って勤めることができたが、てをどりになると手も足もばらばら（三カ月の修

養科生活を了《お》えても）で、今後の丹精を待たねばならないありさまだった。

　さまざまな困難な障害（中国では修養科に入る目的ではビザは発給されず、九十日間の日本滞在のビザ取得は難しかったことなど）を一つひとつ乗り越え、おぢばに帰らせていただき、三カ月間、修養科生としてささやかながら、おぢばに伏せ込ませていただくことができた。そしていま、ここに神様をお鎮《しず》めできたことに、この婦人の真実（主人や家族の理解も含め）を心から嬉しく思うとともに、あたかも障害をくぐり抜けるようにお導きくだされたをや（親神様・教祖）の自由《じゅうよう》のご守護と深い思召《おぼしめし》をまざまざと肌に感じて、感動と喜びに、ただただお礼を申し上げる次第であった。

　外側から見れば、わずか一人の修養科生を与えていただいただけで、少々大げさな喜びようだと、冷たく眺《なが》める人がいるかもしれない。だが、難しい事情の中で、果たしておぢばに帰り、おさづけの理を戴《いただ》き、修養科で心勇んでつとめさせていただけるかどうか全く見通しも立たぬところを、結構にお連れ通りいただけたことは、また格別の感慨がある。

そしてまた、それに劣らず嬉しくありがたいと思ったのは、私が〝かりものの理〟の真実を、より一層深く強く教えていただくことができて、肚《はら》の底から込み上げてくる喜びや感動を、ささやかではあるが体得できるということであった。きょうもまた、思いのまま存分に身体を動かすことができるというこの事実が、これほど素晴らしいもの、嬉しいものであると肚に治まるのであった。この身体を貸してくだされ、寸刻の休みもなく、中断もなく、ご守護くださる親神様のお慈悲なればこそである。かりものの理の素晴らしさ、嬉しさを実感させていただけるのだ。

思えば、毎朝毎朝、目が覚めると同時に「天井が見える、障子《しょうじ》が見える、神様のご守護を頂いて、きょうもまた、いろいろなものを見せていただける。なんとありがたいことか、と思うと、肚の底からグウッと喜びが込み上げてきて、思わず知らず手を合わせ、神様にお礼申させていただきますのや」と、私が十八歳の別席運び中のときに聞かせてくだされた先人の姿が、六十年近く経《た》ったいまなお、私の脳裏に刻まれているのと重なり合うのである。

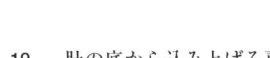

若いころから人一倍、迷いや疑い心が強く、それだけに、人間としての真実の生き方とはどういうものか、人間やこの世の本当の姿（真実、本質）とは如何《いか》なるものかと問い続けてきたかいがあって、ようやくその確かな回答を得たというか、教えていただくことができたと思えるようになった。確信を持ってわが人生を送りたいという私の若いころからの願望が叶《かな》えられたのである。

私は生涯を貫いて変わらぬ価値観を発見した、出合うことができたということだ。

〝心は晴天〟とは、まさにこのことであろう。

さらに、かりものの理に生きることから、積極的・自主的な実践が、その発露として自然に生まれてくるではないか。かりものの理が実践教理であると自覚できるのである。

この点については、後でふれるつもりである。

貸し主には意図がある

さて、別席を運び、おさづけの理を拝戴《はいたい》させていただくと、一人ひとりに「おかきさげ」を下付《かふ》してくださる。その「おかきさげ」の冒頭に、

「……席に順序一つの理は、生涯の理を諭す。生涯の理を諭すには、よく聞き分け。難《むつか》しい事は一つも言わん。（中略）それ人間という身の内というは、神のかしもの・かりもの、心一つが我がの理。……」

と、お教えくだされている。

生涯の理として、かしもの・かりものの教えを聞き分けるようにと、をやは諭されている。

かりものの理を教えていただくと、〝なるほど〟と理解する人は多い。だが、「聞き分ける」ということになると、果たしてどうであろうか。

かりものの理が肚《はら》に治まり、それが自分の血となり肉となる。すなわち、かりものの理に生きるということは、そんなに簡単なことではないが、をやは「聞き分け」てくれ、それを生涯にわたって実践するように、と諭しておられるのである。「聞き分け」ることができたら、その人の生き方が大転換するのだ。すなわち、心の立て替えができ、生まれ変わるということである。かしもの・かりものの教えは、教えの台といわれる所以《ゆえん》である。

めへ／＼のみのうちよりのかりものを
しらずにいてハなにもわからん　（三　137）

とも仰せになっているのである。

人間社会においては、貸し借りの関係は、通常の人間関係の中で常に見られるところである。金銭や物品の貸し借りや、精神的な応援、世話取り、支援、激励等も、広い意味では、恩になった、世話になったという貸し借りの関係ともいえる。貸し主は相手（借り主）を信用信頼し、時には愛情をもって、そしてまた喜んでくれる、こちらの期待に応《こた》えてくれるということを当てにして、この関係が成り立つのが普通であろう。貸し主の意図（思惑）に対し、借り主はそれに十分応えたい、応えることができるという心から、この関係が保たれるのが一般である。必ず、貸し主には意図、思惑が込められている。貸し借りの関係の大前提に、この意図があるということは明白である。

　この世と人間を創造された元の神・実の神ご自身が、このかりものの理を教え諭されているということを、どれほど深く自覚しても、し過ぎるということはない。貸し主（親神様）が、御自ら〝貸し主である〟と宣《の》べておられるのである。きわめて強い親神様の意図（思召《おぼしめし》）が込められていることは明白である。そして、それに対して、

「どうせこうせこれは言わん、これは言えん。言わん言えんの理を聞き分けるなら、何かの理も鮮やかという」（おかきさげ）

と、強《し》いて何かをお命じにはなっておられないのである。だからこそ、しっかり思案をさせていただかねばならないのではないか。

さて、貸し主である親神様の意図（思召）は何であろうか。
元の理によれば、親神様は、混沌《こんとん》としてもやのような原初のままでは味けない。そこで人間というものを創造し、その人間に陽気ぐらしをさせ、人間が陽気ぐらしをするありさまを見て神もともに楽しみたいとの思召から、この世と人間を創《つく》られたと仰せになっている。人間の生きる目的、生かせてくだされている思召は、神もともに楽しみたいと、きわめて鮮明である。そのために親神様は「たん／＼心つくしきり　そのゆへなるのにんけんである」（六　88）と、人間の想像も及ばぬ、深く偉大なる思惑と万能のおはたらきのままにまに、心を尽くしきって創造され、育て、お連れ通りくだされて、ただいまの私がここに存在するのである。

そして、そのおはたらきについては、日進月歩の科学の発達により、たとえば筑波《つくば》大学名誉教授の村上和雄《むらかみかずお》先生の著書などによっても伝えられる親神様のおはたらきの一端を知るだけでも、まさに驚嘆の一語に尽きる。〝すごい〟としか言いようがない。

ここで駄足《だそく》ながら付言すれば、かくも偉大なる親神様のおはたらきを知り、圧倒さ

れ感心しているだけでは申し訳ないということである。

なぜならば、この偉大なる親神様が、深い思召のうえから教祖を「やしろ」としてこの世の「おもて」に顕《あら》われ、この道をお創《はじ》めくだされているという親心・真実を、誠にして通らせていただくという実践がなければ、親神様の思召に沿わないということも明らかである。

このよふをはじめた神のゆう事に
せんに一つもちがう事なし　（一　43）

をやによって教えていただいているこの道の教えを、誠にして通るという精神を第一に定めたい。知的興奮にとどまらず、全人格を賭《と》してこの教えを実践するのが、信仰者としてのまともなあり方である。親神様の精妙にして不思議としか言いようのない、その偉大さを知れば知るほど、この道の教えに対する忠誠心がより一層深く強いものになっていく。誠にして通る密度が高まり、強靭《きょうじん》さが増していくのである。これは、信仰する者の最も大切な生き方である。

苦しみがあればこそ

さて、かりものの理に生きるうえで、きわめて大切なことは、湧《わ》き立つ喜びを体得することであろう。

私は、自由《じゅうよう》の理を持つ自分自身の心を存分に行使し、自分自身に与えられた知・情・意、あるいは五感を通して生きる喜びを自覚するとき、かりものの理の素晴らしさを実感できるのだ。

私は、食べ物で拒否反応を示すものは全くないと言ってもよい。もちろん、大好物は何かと聞かれたならば、即座に多種多様の品々を挙げることはできる。食欲があること自体嬉《うれ》しいことだし、好きなものを味わうのも楽しいものだ。

また、観《み》たり聴いたりする（音楽会や演芸会に、あるいは美術展や映画を観に行く）のも私は好きであり、楽しいものだが、これもまた生きる喜びを味わうことができる一つの手立てであろう。見る、聞く、味わう、嗅《か》ぐ、触れる――いわゆる〝かりものの五感〟を通して、生きていることを実感し、刺激を受けて喜びが増してくるのも、人生の喜び方の一つの道であろう。かりものの身があればこそである。

その反対に、五感を通した苦しみや悲しみにとどまらず、精神的にも苦悩するとき、かりものの身のあることをどのように自覚するか。ここに人間としての生き方の大切な鍵《かぎ》があるのではないだろうか。

この点について、私は次のような経験をさせていただいた。経験を通して、この大切な鍵を教えていただいたのだ。

平成五年（一九九三年）という年は、私にとっては忘れられない不思議な年である。私は六十三歳であった。身上《みじょう》（病気）や事情を、この年に集中豪雨のように同時に与えられたのである。教会の事情、子や孫の瀕死《ひんし》の身上、私の胃がんの身上等である。次から次に事情の上に身上が重なり、また別のお手入れが現れるという具合である。

昭和三十三年（一九五八年）九月、二十九歳で飾大《しきだい》分教会三代会長のお許しを頂き、教会長として精いっぱいつとめさせていただいているつもりであった。また、特筆すべきこととてないが、順調に、結構にお連れ通りいただいていた。それが激変するのであった。いまから考えると、平成五年はまことにありがたい年であった。

ちなみに先日、ある必要から古い文書を整理していたら、十年前に教会本部に提出した私の履歴書の写しが出てきたので、その経歴の一つひとつを追いながら、私自身がかりものの理について学び教えられてきた道中を顧みてみたいと思う。平成五年の重なる大節が私の信仰や人生の転機となり、かりものの理について、その理の深さ、嬉《うれ》しさを身につけていく契機になったと思うからである。

それも、さまざまな曲折があったからこそ、転機が転機として自覚できるのだ。下地があり、いくつかの準備段階を経てきたからであろう。突然変異というものはない。私という人間の命、いんねんは連綿と継続しているからである。苦しみがあったからこそ、真の喜びを知ることができたのだ。

私の経歴の概略は、次の通りである。

生年月日　昭和四年四月二十一日

氏　　名　竹川俊治（タケガワ　シュンジ）

昭和二十三年十一月二十八日　おさづけの理拝戴《はいたい》

昭和二十九年四月十二日　教会長資格検定試験合格

昭和三十年三月二十四日　京都大学文学部哲学科宗教学専攻卒業

昭和三十年四月十九日　教人《きょうと》登録

昭和三十三年九月二十六日　飾大分教会三代会長拝命

昭和四十二年十月二十六日　飾東《しきとう》大教会准役員拝命

昭和四十三年七月一日　大阪教区地方委員拝命

昭和四十三年七月二十九日　大阪教区中央西支部（新設の支部）初代支部長拝命

昭和四十五年三月一日　修養科一期講師拝命

昭和四十六年七月二十六日　天理教集会員拝命
昭和四十七年二月九日　大阪教区主事拝命
昭和四十八年七月一日　国内布教伝道部嘱託《しょくたく》
昭和五十二年十二月一日　道友社編集課詰
昭和五十五年四月一日　大阪府教誨師《きょうかいし》委嘱
平成四年八月一日　布教の家大阪寮寮長拝命
平成十三年九月二十六日　飾大分教会長辞任
平成十三年十一月二十一日　マレーシア飾大クアラルンプール布教所長拝命
　現在に至る

以上のような経歴の中から二、三点について詳述したい。

私の経歴から

私は前生からお道に引き寄せられていた。

私の両親は大阪で単独布教中に結婚。七年後に初めて長女・久恵《ひさえ》を授かったが、一年半で夭折《ようせつ》。その二年後に長男・格正《のりまさ》が誕生。しかし、これまた一年一カ月で出直し。大正十二年（一九二三年）の飾大分教会設立のお許しの前後に、慶《よろこ》びと悲しみが立て合った。すでに父親は四十七歳、母親は三十三歳で、子供はもう授からないものと思っていたという。

そんなとき、飾東大教会初代会長の紺谷久平《こんたにきゅうへい》先生が、

「竹川はん、せっかく授かった子供が次々と出直し、つらいことやが、何も嘆くことはないで。この子供は必ず生まれ替わってくるのやで。たとえ一年や二年足らずで出直しても、前生で教会に生まれたという理は大きいのやで。その子は必ず生まれ替わ

って育ててくだされるのや。なにも嘆くことはない」

と言われたという。

両親は、紺谷会長さんは自分たちを慰め、気を落とさないようにとのご配慮から、そんな気安めのようなことを言われているのだと思っていたという。

ところが、長男が出直して丸二年後に、私が生まれたのである。しかも、長男の出直しが昭和二年（一九二七年）四月二十一日、二男である私の誕生が、先にもふれたように昭和四年四月二十一日。紺谷会長さんの仰せ通り、生まれ替わって私が出生したのだ。私も幼少時は虚弱児で、母親はひやひやしながら私を育てたという。

ここで私は、自分のいんねんの一端を自覚させていただくのである。

私の前生は一年余の短命。しかも、生まれたときから親を心配させて育った親不孝者。教会を継ぐ定めのもとに、このかりものの身を与えていただいているのだ。今生は、前生の短命や親不孝の通り返しとして、人の二倍三倍以上の働きをしてこそ、やっと一人前なのだと、さまざまな感慨が生まれてくる。歳《とし》を重ねるにしたがい、私の

魂にふさわしい、ちょうど良いかりものの身をお借りし、お連れ通りいただいていると思うようになっていくのである。たとえば、体格も容姿も平均並み（？）というのは、私の魂も平凡だからであると、若いころには自分に言い聞かせたものである。

どれほど事細かく思案を重ねても、私自身の定め（運命・いんねん）の実相を明らかにすることは不可能である。「難儀さそうと不自由さそうというをやは無い」（明治24・1・21）という親心を誠にして通る以外に、真実に生きる道はないのである。

生まれてくるのも、出直しするのも、すべてかりものの理によるものであることが、次第に鮮明になっていくように思い、かりものの理の厳粛《げんしゅく》さの一面を垣間見《かいまみ》る次第である。いわゆる生殺与奪《せいさつよだつ》の鍵《かぎ》は、貸し主である親神様の手中にあることを自覚しなければならないのだ。かりものの理に生きることの一面である。「蝶《ちょう》や花と言うも息一筋が蝶や花である」（明治27・3・18）とも仰せになっている。

次に、昭和二十三年十一月二十八日、おさづけの理拝戴《はいたい》。既述のごとく、父親の出直しによって、真実および真の喜びを求める方向を教えていただいたということである。

昭和二十年八月十五日の敗戦後、過去はすべて悪という先鋭的、偏向的な価値判断が流行し、私は混迷混乱のただ中に投げ出されたように思った。これもまた、いまから考えれば一種の極端な時代的偏向である。その偏向に汚染されている自分自身に気づかず、自分の好きなことを好きなようにやればよいのだと、自暴自棄になっていた一時期。父親の出直しという節、そして不変の真実をどこに求めたらよいのかという方向性を与えられ、次いで真の喜びを探る方向と方法を、かりものの理に生きることにあると、をやによって示唆《しさ》されたように思った。

私はお道以外の仕事をしたことはない。また、他の仕事（職業）に就《つ》こうと思ったこともない。私はそれを良しと思っている。生来、不器用である私は、道一条で通らせていただいたおかげで、生涯を支える一貫した価値観に出合うこと、発見すること

ができて、幸せ者であると自覚できるのだ。教内のさまざまな御用を通して、その価値観、すなわち、かりものの理に生きることを学び、それを私自身の血となり肉となるよう御用をつとめさせていただくことによって、ようやく現実化したように思うのである。

そしてまた、多くのことを学んだ。たとえば一よふぼく、一教会長でありながら、お道の全体像を正確に把握しようという意欲に駆り立てられたこと、また、その大切さを教えられた。先人先輩のご苦労も知るようになったが、さまざまな課題や宿題、それも短期的なものだけでなく、長い大きな視野をもって取り組まねばならない課題のことなどを教えられた。

道友社詰の御用で約三年間、『天理時報』の編集に携わらせていただき、多くの広範囲の情報を得られること、また、得なければならないことも知った。そして幾多の教友や先輩たちの、計り知れないほどの知恵や知識や経験に接することができた。

あるいは、計六期（十八年間）にわたり天理教集会員（副議長二期、議長一期）と

して務めさせていただき、現在の課題はもちろん、長期的展望のもとに、お道の将来像を描き、そして私自身がいかに通るべきかといった問題を、常に意識せざるを得ないような環境に恵まれたように思うのである。これもまた、をやのお仕込みであると思えるのである。

今日ただいま、私にとって最も緊急にして大切なことは、それは布教の実践ということである。そして、をやによって教えていただいているこの御《み》教えの道を、素直に忠実に、かつ全人格を傾けて通る〝ほんものの信仰者〟になるということである。この二点を、私は歳月の経過とともに、ますます強く固く意識するようになった。をやのお心が少しでも分からせていただくにつれ、その感が強くなるのだ。

天理教とは何か、私はどこに軸足を据え、どういうところに立ってお道を通っているのか。これは、私はもちろんのこと、お道の信仰者にとって絶えず発しなければならぬ重要な問いであろう。

自分とは何か、私は何を一番大事にしたいのか。自分自身のあり方を意識することは、順調なときはそれほど強くはないが、危機に直面したときには、必ず自らのアイデンティティー（独自性・存在の理由）が問われるし、また問わねばならぬということだ。危機を乗り越えるための新しい出発には、必須の条件ということであろう。

私は教内のいろいろな御用を経験させていただき、ありがたいと思うとともに、いつもこのことが念頭から離れなかった。それは、をやの思召《おぼしめし》やご期待のことを思うと、現状は大変厳しいし、まことに申し訳ないと思うからである。

海外での布教

立教一六九年（平成十八年）、教祖百二十年祭の年は、真柱様の思召にお応《こた》えして、連日、おぢばは多くの帰参者で賑《にぎ》わった。嬉《うれ》しいことであった。これは新しい出発の第一歩であろう。

この年十月二十六日、内統領、表統領をはじめ各部長等の、任期を半年繰り上げられてのご任命が行われた。私の察するところ、現真柱様の初の教祖御年祭を転機として、本教がより一層広く大きく羽ばたく一大転換点にしたいとの思召からであろうと拝察する。

それは過日、表統領の所信表明によっても明らかにされたが、教勢の伸展をはじめ、信仰のあり方を深め、教会長の信仰的成人、社会に対応するお道の姿勢の適切さを深めていくなど、世界たすけを目指す本教全般のあり方や実践活動の新たなる出発を志すための決意、英断の表れであろうと思う。

そして、ここで最も大切なことは、これはいずれ誰《だれ》かがやるだろうと眺《なが》めていたり、傍観《ぼうかん》していてはならないということ。私自身、あるいはよふぼく一人ひとりがわが身に引き寄せ、これを自分自身の問題として、〝私はこうさせていただきます〟と決断することであろう。何から取り組むのかという具体的・現実的な第一歩を進めることではないだろうか。

届かぬながらも、私は私自身のこの第一歩についてふれてみたい。

　誰しも承知していることだが、教祖ひながたの道を歩む、ひながたをまねることが信仰の基本であるということだ。教祖ひながたは、実に大きく深いがゆえに、いろいろな角度からまねることができる。私は、教祖が親神様の思召を徹底的に立てきり、「思召のまに〳〵」（『稿本天理教教祖伝』23・32・69・103・112・149ページ）お通りくだされたそのひながたを、少しでもまねて通らせていただきたいと決意し、たとえば布教のうえにをやの思召と悟るところがあれば、どんな地域にでも、また、どんな人にでも執念を燃やし、布教させていただきたいと思っている。

　昭和五十六年（一九八一年）四月、初めて海外布教の第一歩を台湾の地に記した。既述のごとく（拙著『神がはたらく――布教最前線10年の体験』参照）、思いもかけぬご守護と親心を頂き、平成九年（一九九七年）一月二十六日、台中《たいちゅう》県豊原《とよはら》市にて飾大豊原教会のお許し。六年後、豊原教会の神殿移転建築。また、平成十七年十二月二十六日、台北《たいほく》県三重《さんじゅう》市にて飾大台北教会のお許しを頂いた。

台湾で布教を始めるに当たり、台湾にも身上者（病人）がおられるだろうから、たとえ一人にでもおさづけを取り次がせていただければよいという、きわめて素朴な心から始めた台湾布教であり、海外布教であった。

台北市で布教を始めて二年目ぐらいのこと、当時の台湾は戒厳令下にあったので、街頭や戸別訪問での布教ができなかったために、台北市内の歴史博物館の中で、見学に来た人々へ布教していた。そのとき偶然、マレーシアから観光見学に来ていた人ににをいが掛かり、マレーシアへ出掛けることになった。

当初、マレーシアという、遠くてなじみのない国へ布教に出向くことは、おそらくないだろうと考えていたのだが、その後、マレーシアの人々との度重なる不思議なご縁を頂き、これこそをやのお手引きであるが、このご縁を大切にしていった結果、平成三年（一九九一年）に、マレーシアの首都クアラルンプールに布教所を開設することができた。

イスラム教を国教とし、全国至る所に国立のモスク（礼拝所）が設置され、マレー

系のマレーシア人（全人口三千五百万の六割から七割）はイスラム教徒という国である。そして二〇〇〇年五月、恐らく無理だといわれていた布教の認可が下りた。社団法人（R・O・C）となり、お道の布教が公認されたのである。これは、をやが先回りして、五千キロ離れたマレーシアに「橋」をかけてくだされたのである。をやが「マレーシアで布教をするのだよ」と仰せくだされていると、私は肌で感じさせていただいている。

をやの思召を立てきって通ることが、教祖ひながたをまねる大切な柱であるから、私はマレーシアでの布教を、ひながたをまねる一つの具体的な道であると考え、布教させていただいている。その結果や成果を急いで求めてはならぬと自戒している。

教祖百二十年祭のお打ち出し（『諭達第二号』ご発布の立教一六五年十月二十六日）と同時に、中国での布教を開始した。ところが、不思議としか言いようのない事実が現れた。ご発布後間もない十二月に、中国上海《シャンハイ》市と江西《こうせい》省南昌《なんしょう》市の二カ所で神様をお

祀《まつ》りさせていただくようになった。

私は、これはをやの思召の具体的な現れと悟り、鋭意、中国布教に取り組ませていただいている。現在、中国全土の六カ所で神様をお祀りさせていただいているが、これはささやかな種蒔《ま》きに過ぎない。厳しい布教環境の中、よふぼくも少しずつ与えていただいているが、今後の見通しは全く立っていない。果たして十年後、二十年後に、公に布教ができるようになるのかどうか。その兆しも見えない状況である。をやの思召を立てきって通らせていただきたいというのが、私の中国布教の原動力である。

ちなみに、最近（平成十八年七月）発行の杉本信行《すぎもとのぶゆき》著『大地の咆哮《ほうこう》――元上海総領事が見た中国』（PHP研究所刊）には、現代中国における宗教事情についても、比較的厳密な分析がなされているが、特に私が刺激された点だけに絞ってふれてみたい。

それは、カトリック教会では、中国共産党官製のいわゆる愛国会とは全く別個に、バチカンの指導によって中国全土に約七百人の新たな司祭が生まれ、香港《ホンコン》の教会を中心とする外国からの支援を得て、現在、約三百人の中国人司祭、神学生、シスターが、欧米やフィリピンで留学・研修中であるという事実を、この著書の中で述べている。まだ公に布教ができない中国に対して、将来を見据えて布教意欲を燃やし、こつこつと粘り強く活動しているということである。かなり早い時期から人力・財力を投入して、水面下で布教活動をしていることが考えられる。

こんな事実を知ると、いささか刺激を受けるのだが、中国に対する布教意欲については、私はカトリックに引けをとらないつもりであり、良い意味で対抗意識に火がついたように思った。

ところで、私の布教地の情報を可能な限り収集すると、より一層布教意欲が刺激されるのだ。台湾・マレーシアや、ミャンマーにおいても同様である（ミャンマーの件については、『あらきとうりよう』225号で少しふれた）。

ミャンマーについては、まだ緒に就《つ》いたばかり（立教一六七年、年祭活動第二年目から）だが、これもまた、をやの不思議なお手引きと思召を頂き、をやは「ミャンマーで布教するのだよ」と仰せくだされていると私は肌で感じ、思召を立てきって通らせていただきたいとの思いで、マレーシアの首都クアラルンプールから少し足を延ばし（飛行機で約二時間半の距離）、ヤンゴン市に赴《おもむ》かせていただいている。

国内での布教

さて、思召《おぼしめし》を立てきって通るというのは、なにも海外での布教に限ったことではない。あらためて言及するまでもないが、国内においても、この姿勢を貫かせていただきたいと念じている。しかし、まだまだ私の不徹底さやあいまいなところが多く、これまた私の今後の大きな課題の一つなのだ。

ところで、私が時折、海外での布教について語ったり文章化したりするので、海外布教専従のように思われているのを知って、意外に思ったことがある。確かに海外へは時を選ばず、たびたび出向いているのは事実だ。強《し》いて言えば、私は一よふぼくとして、国内外を問わず、事情の許す限り、いかなる地域へも、また、いかなる人にでも布教させていただくことを志しているに過ぎない。

阪神《はんしん》・淡路《あわじ》大震災のあった平成七年（一九九五年）のこと、その年の六月、ある機縁から、真理教と名乗る新興宗教の人たちと会うことになった。

その集団の開祖とされる人（女性）が亡くなり、信者たちが今後の信仰や活動に不安を感じ、これからどうすればよいか動揺しているということであった。そのためか、いろいろな方面の人と話し合って模索しているとき、それを知った昔からの知人が飾大分教会長であった私を紹介し、教会でお会いすることになった。

開祖の長女であるTさんと幹部四人の、計五人の人たちと飾大の客間で初めてお会いした。

あいさつが終わるなり、年長の幹部の男性が開口一番、「信仰とは何でしょうか」と質問された。

「私は天理教の信仰者ですから、信仰についてひと口で説明することもできますが、

それよりも多少時間をかけて、信仰について語り合ったらどうでしょうか」と私は言った。

「それは結構なことです。ぜひお願いします」という返答であった。

結局、日を改めて私は先方へ出向き、ほかの同信の人々も交え、毎月三回、夜七時から約三時間、話し合うことに決まった。そして、その時その場の出し合い話に終始するのを避け、系統だって話をするうえから、テキストを用いたい、そのテキストとして教祖御自らのお筆による原典「おふでさき」を拝読しながら質疑にお答えしたいと提案し、了承していただいた。

驚いたことに、その「おふでさき」を持っているという人が五人のうち三人もいた。いろいろな宗教の書物も持っているとのことであった。だが、「おふでさき」を所持しているものの、精読どころか通読もしていない。天理教の本部へ見学に行き、ついでに天理教の本を買って帰った。そのとき「おふでさき」も購入したのだという。

一週間後に、第一回の会合（私はこの会合を〝勉強会〟と呼んだ）を、先方の自宅

（大阪近郊の衛星都市）で開いた。十数人が集まり、午後七時から十時過ぎまで、真剣な雰囲気の中、はじめに「おふでさき」を数首、声を揃《そろ》えて拝読し、その「おうた」について、私の体験を交えながら話をし、そして質問を受けた。活発に質問が出た。それも広範囲にわたる内容で、真剣かつ前向きの姿勢のものが多く、私は毎回、心勇んでつとめさせていただくことができた。

この勉強会は、一度も欠けることなく毎月三回行い、三年かかって「おふでさき」を全号拝読させていただいた。

第一回の勉強会から三カ月後に、Tさんをはじめ三人が別席を運び、引き続いて、Tさんとその息子、そして年長の幹部（Nさん）が揃って修養科に入り、十二月二十七日に修了。翌平成八年四月に布教所の開設となった。この集団のメンバーの主だった人は、完全にお道の信仰者となった。Tさんのにをいがけで、次々とよふぼくも与えていただき、十年後の平成十八年、教祖百二十年祭の勤められた記念すべき年の十二月二十六日に、Tさんを会長として教会のお許しを頂くことができた。Tさんは入

信以来、十二年にして教会長のご任命を頂いたのである。
神殿、教職舎の普請も完成し、平成十九年二月十七日、飾東大教会長様により鎮座祭。翌十八日に奉告祭を、新築の木の香ただよう中で結構に勤めさせていただくことができた。新会長も、いよいよ〝ほんものの信仰者〟を目指し、名実ともに素直に、裸になって道一条、神一条の歩みを続けている。ありがたいことである。

これもまた、思召を立てきって通る、すなわち、教祖ひながたをまねて通らせていただこうと傾注することのありがたさ、嬉《うれ》しさそのものと言えるのではないか。

三年千日の年祭活動は「たすけの旬」といわれるが、国の内外を問わず次々とたすけの実《じつ》を見せていただき、まさに「たすけの旬」ということを実感させていただくのである。

なお、当然のことながら、教会のお許しを頂くに至る陰には、さまざまな曲折があった。Tさんの身上や事情、家族や親族へのをやの手引きやみちをせ。布教に励みながらの一進一退の道すがらであった。これらすべてが、をやのお慈悲と深い思召によ

るお仕込みであり、たすけを急《せ》き込まれる親心の現れであるとしか思えない。

Tさんが修養科を了《お》えて間もなく、私はTさんと、Tさんの親戚《しんせき》の婦人と共に、群馬県のある町へ、この婦人の家族のおたすけに出向いたことがあった。三人はいずれも群馬県の土を踏んだこともなく、未知の土地であった。おたすけの相手は、三年近くも行方が分からなかったのだが、風のたよりでその町にいるらしいとのことであった。緊急を要するおたすけをしなければならなかったのだ。

ところが、不思議なをやのおはたらきのままに、その町に着いたその夜の十一時過ぎ、その家族を捜し当てることができただけでなく（もちろん私は初対面）、おたすけの効あって、一週間後に大阪の母親のふところへ戻ってきたのである。予想もしていなかったおはたらきを見せていただき、をやが先回りしてお連れ通りくだされたことを、Tさんもその婦人も共々に実感させていただいた。その後、その家族も母親も修養科を了え、よふぼくとして歩んでいる。

よく知られている、次のようなおさしづがある。

この道は、常々に真実の神様や、教祖や、と言うて、常々の心神のさしづを堅くに守る事ならば、一里行けば一里、二里行けば二里、又《また》三里行けば三里、又十里行けば十里、辺所《へんしょ》（筆者註＝辺鄙《へんぴ》な場所）へ出て、不意に一人で難儀はさゝぬぞえ。後とも知れず先とも知れず、天より神がしっかりと踏ん張りてやる程に。二人《り》三人《にん》寄れば皆々話し、今までは、わしはこんな心で居《い》た、俺《おれ》はこんな心使《つこ》うて来た、と皆《み》んなめん／＼の心通り、言わしてみせる。神の自由自在《じゆうじざい》、よう聞き分け／＼。案じる事要《い》らん／＼。こういうさしづあったと、皆々の処《ところ》へ伝えてくれ。一人や二人のさしづやないで。皆々伝えてくれ／＼。

（明治20・4・3　補遺）

一人や二人の特別な者へのおさしづではない。誰《だれ》にでも見せていただけるをやの自《じゅう》由《よう》のはたらきであると、わざわざご指摘になっている。天理に変わりはない。もちろん、現代においても同様である。群馬県でのおたすけは、そのことを如実《にょじつ》に物語っているではないか。

このお言葉通り、をやは、相手の心に入り込んでものを言わせてみせる、とまで言明されているのである。をやの自由のおはたらきは、私たち人間の予想もつかないほどの、珍しい不思議なたすけをしてくださるのである。

私はそれを幾度となく体験させていただいたが、その中でも最も強烈な印象を最初に与えられたのは、私の母（飾大分教会二代会長）からであった。私の学生時代、それも迷いと疑いの交差する不信の固まりのごとき精神状態のただ中にあったころだけに、忘れることができないばかりか、初めてをやの自由の守護の一端を垣間見《かいまみ》ることができ、さらには、お道の布教とは何か、おたすけとは何かを教えていただく端緒となったのである。

あらためて言うまでもないが、をやの自由のおはたらきを頂いてこそ、おたすけができるのであり、布教の実が挙がるのである。このことについては、後でもふれるつもりである。

母の信仰

さて、母親の信仰によって教えられたをやの不思議なおはたらきへの感動について述べたいと思うが、平成十六年（二〇〇四年）に、母の二十年祭を勤めさせていただいた折に発行した『結構だっせ　お道は』という小冊子に、その八十九年の道すがらをまとめさせていただいたので、その中から要約して引用させていただくのをお許し願いたい。

――昭和二十年（一九四五年）三月十三日の夜、八十機に及ぶアメリカB29爆撃機の空襲によって、大阪市内の大半は焦土と化した。飾大《しきだい》分教会も全焼。会長（初代・竹川萬次《まんじ》）は上級・飾磨《しかま》分教会の月次祭で姫路《ひめじ》へ行っていて不在。わずか二時間ほどですっかり灰になり、親神様や教祖のお目標《めどう》を出すのがやっとであった。

同年八月十五日に戦争は終わった。そして二十三年二月、教会復興の目途《めど》も立たない中、「飾大分教会仮事務所」の看板を掲げたささやかな教会で、初代会長の葬儀が行われた。六十七歳であった。私は天理語学専門学校（天理大学の前身）の一年生であった。

二代会長のご任命を頂いた母は、教会復興という大きな使命を担い、同じくほとんどの信者さんたちも罹災《りさい》して家を失い、日々の暮らしに四苦八苦している中から教会の復興を進めるという状況であった。

敗戦直後のある時期、母の兄が大阪湾でとれる鰯《いわし》を入手できる縁から、母はその鰯を焼き魚にして行商したことがあった。教会復興と生活費のためである。大阪市内では知り合いの人に出会い〝顔が指す〟心配から、京都に近い高級住宅地を一軒一軒行商して歩いたのだ（これについては、母の生前中には堅く口外を禁じられていた）。

そんな道中で、ある一軒の家の奥さんが、何を思ったのか、「私の家に毎日その魚を全部持ってきてください。私が買わせてもらいます」と言われるのであった。母は

その言葉に従い、毎日その家へ行った。

ある日のこと、「あなた（母のこと）は、どことなく普通の人と違うように思う。何か訳があってこんなことをされているのでしょう。あなたのことを聞かせてください」と、何度も何度も尋ねられ、ついにやむを得ず、自分自身のこと、教会復興のこと、家族のことも打ち明けるようになった。

その奥さんは、「よく分かりました。久しぶりによい人と出会えて、私は本当に嬉《うれ》しく思います。それにしても、私は主人と話をして、あなたのことも考えさせていただきたい」と言われた。

そのご主人は、当時の日本では有数の会社の相談役で実力者であった。その後、いろいろと温かい配慮を頂いたのだが、母が二代会長となってから、この家族との縁もますます深く強いものとなり、次第に信仰に目覚め、公私にわたり二代会長の母から教えを受け、丹精に応《こた》えて、結局、教会復興という目標達成の礎《いしずえ》となる境内地購入に大きな役割を担ってくださるようになっていくのである。

昭和二十四年二月三日に初代会長の一年祭が勤められたが、その直前に現在の飾大の境内地を与えていただくことができた。

この土地は、靫《うつぼ》大神宮という、大阪では名の通った（明治末年に大阪で初めての神前結婚をここで挙行し、神前結婚のお宮さんと称されていた）由緒あるお宮さんのあった土地である。戦火で全焼し、復興の目途も立たず、その境内地を手放すことになった。飾大の役員の一人がそれを耳にし、お宮さんの跡地に教会が移るのは悪いことではないと思い、教会へ話を持ってきた。

その話が出る十日ほど前に、母は夢を見た。その夢とは、亡くなった初代会長と一緒に、良い土地があるからといって、土地を見に行った夢であった。夢の中で、ここは水がたくさん出るから多くの人も住めると言っていた。事実、この土地を見に行ったとき、その境内地に二つも井戸があり、水量も豊かできれいな水が湧《わ》き出ていた。これこそ親神様のお知らせであり思召《おぼしめし》と思い、ぜひ購入したいと心を決めた。

ところが、この土地は大阪市の緑地帯計画の中に入っており、先では移転しなけれ

ばならないとのこと。さらに、この土地は分割売りはしない、一括（約四百坪）でないと売らないと言われた。

さらに値段を聞いて仰天した。到底手の届くような価格ではない。大阪市のほぼ中心で、大阪市電の走る広い道路に面した素晴らしい土地だけれども、きわめて困難な話である。役員は最初から検討にもならぬと投げ出してしまい、相談することもできない状態であった。母は、神様の思召であると一途《いちず》に確信しているので必死の思いであった。

それこそ一からの出発。そのうえ、一カ月で結論を出さねばならず、話のあった日から母は連日、駆けずり回った。そして万策尽きたかと思った矢先、前に述べたご夫妻が登場されるのである。

母はこのご夫妻に、畷大神宮跡の土地購入の件を話した。お二人は母の話をじっくり聞いてくださり、そして、重大な提案をしてくだされた。ご自身所有の株券を無償で提供し、その株券をご自身の取引のある銀行への担保として、必要なだけの資金を

借り入れてはどうかという、ありがたい話であった。これでやっと、購入資金調達の目途が立った。役員も「敗戦後のこんな世《せ》知辛《ちがら》い世の中で、そんな人が現れるなんて、とても考えられない。これこそ神様のおはたらきとしか考えられない」と、異口同音に語り合ったという。

昭和二十五年九月二十四日、待望の「移転建築落成奉告祭」が行われた。

その後の借入金の返済についても、不思議なご守護を次々と見せていただくことができたし、大阪市の緑地帯の計画も解除変更され、この土地のすぐ北側に立派な公園ができた。現在の靫公園である――。

私は、をやの思召がここにあると悟れたとき、断固としてその思召を立てきって通り、実に鮮やかなご守護を頂いてお連れ通りいただく母親の純真な信仰に、胸が打たれるのだ。をやがおはたらきくだされば、こんな姿（現実）も切り拓《ひら》いてくだされるという生々しい経験によって、私は活《い》きた信仰の一面を学ぶことができたと思うし、

よく教えてくださったと、いまになっても大事なときには、つい思い出されるのである。

なお、付け加えるならば、このご夫妻の自宅へ、毎年お盆と年末には「お変わりありませんか」と、必ずあいさつに行くよう、母は私に厳命した。お二人が亡くなられるまで、それは十数年続いた。私がどうしても行けないときは、家内が伺った。これもまた、母の純朴なる一途な意向からであった。もちろん、私も家内も喜んでお伺いさせていただいた。真実を頂いた御恩に対する、せめてものお礼の行為であった。

布教は種蒔き、理づくり

教祖のご年祭は、お道全体の、否《いな》、世界全体の大きな節である。私自身にとっても、ありがたい成人の節であった。

世界の節という意味を、ここで詳述する紙数はないが、人類がどちらの方向に向かおうとしているのか、現代はまさにその岐《わか》れ道に差しかかっている危機である（破局に至るか、あるいは再生できるか、その分岐点のただ中にあるという意味で、現代は危機と捉《とら》えられる）とだけ指摘しておくにとどめたい。

さて、私にとって成人の節であったのは、特に布教について私の長年の懸案を解決させていただいたということである。私なりの確信を持つことができた、それも年祭活動を通して、をやに教えていただいたということである。

長年お道を通らせていただき、迷いや疑いの深い凡俗な私が、肚《はら》の底から湧《わ》き立つ喜びを多少なりとも体得させていただけるようになったのは、それは布教をさせていただくおかげである。をやのおはたらきを肌で感じさせていただけるからである。私はたすけていただいていると実感できるからである。

そしてそれは、をやの大願悲願である世界たすけ、すなわち、神もともに楽しみたいというお心に、少しなりともふれさせていただけるからであると、私は思っている。

布教は難しいと、多くのよふぼくは言う。私自身も実際に難しいと思う。簡単に、片手間にできるものではない。

神名流し、戸別訪問、チラシやパンフレットの手渡し、街頭講演など、いくらやってもなかなかにをいは掛からないのが実状である。それでよいのではないかと私は考える。けれども、でき得る限り、粘り強くそうした行動はさせていただきたいのだ。表面上は、あまりにも効果は少なく、徒労に終わってしまうように思えるが、私は決して徒労とか無駄《むだ》とか思っていない。それは優れた種蒔《ま》きであり、理づくりである。

それと同時に思うことは、にをいが掛かり、一人の人間がたすかるということは、まことに大きな事業を行うようなものであり、そんなに簡単にできなくて当然ではないかということである。一人の人間がたすかるということは、その人の心の立て替えができ、その人の運命が変わるということであり、その人だけにとどまらず、その人の奇縁から、どれほど多くの人がたすかっていくかもしれない。そして、ひいては人間社会に大きな貢献をなすようになる可能性を十分に含んでいるのであるから、こんな大きな事業がそんなに手軽にできるはずはなく、無駄と思われる種蒔き、理づくりを、勇んで楽しくやらせていただきたいものである。

蒔いたる種は必ず芽生えるのだ。それも、種通りの芽が出るというのが、をやの自《じゅう》由《よう》の守護というものだ。私はこの真実（天理）を、布教を通してまざまざと教えていただいたと思っている。

国の内外を問わず、思いがけぬ人に、にをいが掛かる。台湾からの帰りの航空機内で隣の席に座った人から、たどたどしい日本語で話しかけられ、その人が別席を運び修養科に入ることになる。また、初対面でのわずか一時間ほどの話し合いから修養科に入り、現在も日参を続けている人。あるいは、数度にわたる死線を乗り越え、布教するよふぼくに生まれ変わった人など、私の能力だけでは到底不可能なことを、をやは見せてくださるのである。

また、よふぼくになるのに五年、十年とかかる人もいる。布教（にをいがけ・おたすけ）は、をやご自身がなされるのであり、このをやのおはたらきを頂くための道づ

くりという種蒔き、理づくりをさせていただくのが、私（よふぼく）のつとめ、役割であるのだ。

はや〳〵とをもてでよふとをもへとも
みちがのふてハでるにでられん　（二　13）

このお言葉を、このように悟らせていただいている。

そして、たすける喜び、たすかるありがたさを、種を蒔き丹精する私自身が満喫させていただけるのである。それは、種を蒔き、理づくりに苦労する精神に花が開いたように思えるのだ。

まことに、「日々常々、神様や教祖やというて、神のさしづを堅くに守って通る」という、をやの思召《おぼしめし》通りに歩むことが、自由のご守護を頂く鍵《かぎ》である。をやにおはたらきいただくというのが布教の根本信条である。人間が人間をたすける、あるいはたすけることができると考えるのは、人間の傲慢《ごうまん》というものではないか。

ただ、なんとしても布教（にをいがけ・おたすけ）させていただくのだという、断

固として粘り強い精神を持ち続け、いつでも誰《だれ》にでも布教するぞという信念は失ってはならないと、私は自分自身に言い聞かせているつもりである。

布教のノウハウ（やり方）を配慮したり、時代や社会のニーズに応《こた》えていく姿勢も、欠かすことのできない大切な視点だが、最も基本となるこの〝をやにはたらいていただく〟という姿勢がおろそかになったり、それを軽視するようなことがあれば、血の通わない人形や張り子の虎《とら》のように、形だけが立派で見栄《みば》えはするが、中身のない空虚なものに堕《だ》してしまうのではないか。魂が入ってこそノウハウも生きてくるのだ。そしてまた、性根《しょうね》を入れ、本気になって布教すれば、布教のノウハウも、自分自身に適した独自のやり方をおのずから悟れるようになるということも事実である。

では、本気になって布教ができるには、どうすればよいのか。熱烈なる布教意欲は、どうすれば生まれてくるのか。これについて、私のささやかな経験を通して述べてみたい。私自身は、まだまだ先人先輩の布教意識や意欲の足元にも及ばないが、確実にこの意欲が湧いてくる道を教えていただき、体験させていただきつつあると思うので、

述べてみたい。

それは、かりものの理に生きる、ということである。

かりものの理に生きることから、その自然の発露として、自発的積極的な布教意欲が湧き上がってくると、前にもふれた。

かしもの・かりものの教えは、お道独自のものであり、他に類例を見ない厳粛《げんしゅく》にして峻厳《しゅんげん》なる人間観であると、以前には考えていた。それはひときわ聳《そび》え立つ最高の峰、あるいは、底知れぬ深淵《しんえん》にもたとえられる偉大なる教えであると、私は思っていた。だが、それのみならず、誰しもたすけていただける唯一の実践教理であると確信できるようになった。

少し理屈っぽくなるが、私が京都大学（哲学科宗教学専攻）に入った年に、担当の助教授から宿題として、三冊の宗教学の古典とされる著作から一冊を自分で選び、そのレポートを提出するよう言われた。私はルドルフ・オットーの『聖なるもの』を精読し、レポートを提出した。この著書の中で、キリスト教の神学者である著者は、「被

造物感」という独自の言葉を使って、一切の被造物に優越する圧倒的な力を持つ神に対し、塵《ちり》あくたに過ぎない人間、自己自身が無であることへと沈み込んでいく、はかない存在として人間を捉《とら》えている。私は、お道の「かしもの・かりもの」の教えと比較検討してレポートをまとめた。

その助教授は、私の未熟さ、力量不足もあり、「かしもの・かりもの」の教えについてはあまり言及されず、ただ「ユニークな人間観だね」と述べられたのを記憶している。

きわめて独自性を持った「かしもの・かりもの」の教えを、人間観という人間の本質を問う視点から把握《はあく》するだけでは不十分であると、いまは考えるようになった。をやが期待され、待ち望んでおられる人間の生き方とは、それは、かりものの理に生きる、ということである。かしもの・かりものの教えは、人間の真実の生き方とはどういうものかを示されているだけでなく、そんな生き方をすればどうなるかという陽気ぐらし論でもあるのだ。そんな奥行きの深い実践教理であると思うようになった。

以上のような思いを持続しながら、私はこのたびの教祖百二十年祭で、三年千日の年祭活動に続き、まことにありがたいご年祭を迎えさせていただくことができた。おぢばに帰らせていただくことが一段と楽しく、ありがたく思えるのだ。
そして、次なる目標に向かって、新たなる第一歩を勇躍進めさせていただいている。それは、かりものの理に生きる、ということである。
以下、それについてふれてみたい。

平成五年の節

平成五年（一九九三年）という年は私にとって、次々と節を与えていただき、激変する不思議な年であり、それが次第にありがたい年となっていった、と前に述べた。

その一つの大きな節が私の胃がんの身上であった。

　昭和五十六年（一九八一年）四月から、教祖百年祭活動の一環として始めた私の台湾での布教（また、その延長としてのマレーシア布教）であったが、予想もしなかったさまざまな結構なご守護を見せていただき、お連れ通りいただいた。ささやかながら台湾高雄《たかお》市、豊原《とよはら》市でも布教所を開設させていただいた。

　ところが、その半面、言葉にできぬ心労も多く、また布教資金についても、時にはその捻出《ねんしゅつ》が厳しく、苦慮しなければならないこともあり、つい、後先を計算してしまうのであった。一分教会長としても、目前の現実に対応するために、労多くして効の見えにくい海外での布教は、ほどほどに続ければよいのではないか、といった計算をしてしまうのであった。

　教会の運営とか経営（これは好ましい言葉ではない。役割の遂行《すいこう》と言うべきかもしれない）の面を考え、海外布教に突出した出費は控えていこうと思うようになっていった。海外での活動も自然とほどほどになっていくのもやむを得ないという、消極的

な心になるのである。

人間の暮らしにとって、経済（金銭・財力）の重要さについては、ことあらためて言うまでもない。教会にとっても同様である。だが、金銭にとらわれたり、金銭を尺度として物事を判断するのは、本来の目標を見失い、役割遂行を疎外する重大な誤りである。

個人においても社会においても、また教会においても、「豊かさ」はそれ自体が目標とはなり得ない。「豊かさ」を目標とするところから、モノ・カネに狂ってしまう戦後の歪《いびつ》な社会が現出したともいえる。

私はそれを十分承知しているつもりであったが、目前の現実に押し流されてしまうのであった。これは、一種の現代病に汚染されていたのだ。

さまざまな要因（私の心遣い、性癖、いんねんなど）のあることも十分わきまえていたつもりであったが、この現代病がまことの信仰を曲げてしまう大きな原因となっていくことに、私は大きな節（身上）を与えていただいて、ようやく気づかせていた

だいた。そして、この点に関する私自身の明確な態度、姿勢を貫くことができるようになった。

平成五年の十月末のこと、台湾滞在中に身上となった。ひと口水を飲んでも吐《は》いてしまい、十一月七日にやっと大阪（伊丹《いたみ》空港）へたどり着き、その夜の十一時、大阪のＯ病院に救急車で運ばれ、即刻入院となった。

点滴を受けながら、いろいろな検査検査の連続であった。だが病名は、たびたび担当医師に尋ねても教えてもらえなかった。私は十中八九、父と同じ胃がんだと思っていたが、医師の口から聞けないので、あるいは別の身上かなと思うこともあった。

十二月三十日になって、その医師から「正月も近いし、一度退院してみるか」と言われ、その日の夕刻に退院したのだが、その前に医師は、私と家内と長女の婿《むこ》（教会長）に、私の胃のレントゲン写真を見せながら、胃から十二指腸に至る個所（幽門《ゆうもん》という）を指し、「ここが問題の個所です。急激に角度をつけて細くなっているが、そ

の原因は現代医学では、いまだ解明されていない」と言った。

　私は驚いた。私の父（飾大の初代会長）は昭和二十三年二月三日、数え年六十七歳で胃がんで出直したのだが、それも幽門のがんが直接の原因であった。私の身上の患部までも父親と同じなのである。私は六十三歳であった。

　退院後数日して、上級教会の飾磨《しかま》分教会に参拝させていただいたとき、親奥様が、

「結構やったね。胃がんを手術もせずにご守護いただいて。ほんまにありがたいことやなあ」

と言われた。寝耳に水であった。

「あんたの奥さん（家内のこと）からも聞いていたのや。奥さんがあんたに内緒で、直接お医者さんのところへ聞きにいったら、間違いなく胃がんで、いずれ手術をすると言われたそうや。ほんまにありがたいことやなあ」

と、幾度も幾度も喜んでくだされた。

　私は教会へ帰るなり、家内を問い詰めた。

「私が胃がんで、いずれ手術しなければならんと言われたのはいつのことか。医者の説明を一部始終、詳しく聞かせてくれ」

家内は私の剣幕に圧倒されたのか、驚いたように私を見つめていたが、しばらくして「忘れました」とだけ答えた。私はまた驚いて、しばらく家内を見つめた。


難儀さそうと不自由さそうというをやは無い。（明治24・1・21）

私は入院中、なぜ身上になったのかと思案し続けたが、このお言葉が片時も脳裏から離れなかった。をやの深い思召《おぼしめし》がどこにあるのか、考えつづけた。

飾東《しきとう》大教会の紺谷久則《こんたにひさのり》会長様（当時）も、「おぢばの帰りや」と言われて、たびたび病院へおたすけに来てくださった。また、多くの先生方に、おさづけを取り次いでいただいた。お見舞いにも連日のように、多くの方々が足を運んでくださった。

中学時代からの親友（医師・よふぼく）が病院に来てくれて、私の顔を見るなり「竹川、おまえもか」と、大粒の涙をボロボロ流してくれた。その彼も七年前、平成

十二年に逝《い》ってしまった。私の退院直後、明石《あかし》海峡を望む別荘を、私のためにしばらく開放してくれた彼の心やさしい気配りが忘れられない。

当時六歳の孫娘が脳腫瘍《しゅよう》で手術もできず、あと六カ月の命だと、私の入院一カ月目に聞かされた。小学一年生となっても学校へも行けず、真新しいランドセルは一度も背負わず、一年後に幼い命は果てた。

私は、をやから「台湾で布教するのだよ」と示唆《しさ》されたと悟って始めた海外布教だったはずである。教内の大切な御用、わけても教祖百年祭活動の最中はもちろん、その後も引き続き多忙な日々を送っていたが、そんな中から時間やスケジュールをやりくりしながら海外へ赴《おもむ》いていた。先にも述べたように、労の多い割に効の見えにくい海外布教については、つい、易《やす》きにつくようになり、ほどほどにしようと思ったことが、ずしりと心にのしかかってくるのであった。来る日も来る日も思案を重ねていた矢先、真夜中に「あっ」と気がついた。

「私はこの身体《からだ》を神様からお借りしているではないか。たとえいまは病床で横になっ

ていても、命を与えていただいて生きているではないか。命がなければ、何もかもすべては無ではないか。ほどほどのことさえできないのだ。命があるということは、をやの結構なご守護に包まれ、たすけていただいているからではないのか」

私はいま、まぎれもなく生きているという現実に、目覚めるように思い至った。元々、私自身は何もない。命さえもないのだ。〝私はたすけていただいている。そしていま、現実にここに在《あ》る。なんとありがたく、嬉《うれ》しいことか〟と、幾度も幾度も心に繰り返していたのである。次第に心が弾むのであった。

「よーし。原点に復《かえ》って、一がけから海外においても国内においても布教させていただこう。ほどほどといったへっぴり腰では、何も解決しない。何も分かりはしないのだ」

心が定まった。命はないものと思って通れば、私自身の心労や布教費の捻出《ねんしゅつ》、また私のこの身上（病）も微々たるもの、ちっぽけな人間の片々たる苦しみに過ぎないではないかと思えてくるのであった。

私はたすけていただいているのだという真実の自覚は、すべてのことを大きく包み融《と》かして、喜びと勇み心になってくるのであった。

十二月三十日に退院させていただき、年が明けたらすぐにでも心機一転、台湾へ出向く心積もりであったが、二カ月近い入院で自分の足腰が弱っているのに気づかされた。結局、六月になって、ようやく台湾へ行くことができた。

台湾のよふぼく信者の皆さんが喜んでくださった。雰囲気がガラリと変わっていくのが肌で感じられるのである。体重が二十キロ以上も減っている私の姿を見て、涙を流して喜んでくださる人もいた。私が本気で台湾での布教をするのを感じ取ったのであろうか。私の手助けをしたいといって、にをいがけをする人が増えていった。

翌年には、次から次へと修養科生やよふぼくを与えていただいた。それを皮切りに、年々よふぼくが増え、平成九年一月二十六日、飾大豊原《しきだいとよはら》教会のお許しを頂くことができた。会長は現地の婦人である。

その後、私は再入院することもなく、あたかも〝病抜け〟したかのごとくお連れ通

りいただいている。父親から引き継いでいた胃がんといういんねんのあることを、をやからはっきり教えていただいたのだが、届かぬながら布教を最優先して通らせていただくおかげか、退院以来今日まで、六カ月ごとの定期検査にも要注意のチェックをされたこともない。ありがたいことである。

さらに嬉しいことには、金銭にとらわれないで（配慮しないということではない）、存分に活動ができるようになった。思召とあらば、それを立てきって通る実践を最優先にして、物心両面において（布教活動費の捻出に苦労することがなくなったのだ）動けるようになったのである。これは、平成五年の節の賜物《たまもの》であると思っている。

をやを誠にして通る

かりものの理に生きるとは、私はたすけていただいている、という真実を自覚して通ることである。

　私はたすけていただいている。そしていま、現実に私はここに在《あ》る。なんとありがたく、嬉《うれ》しい限りではないか。そう思うと同時に、をやのご恩に何としてもお報いしたいという意欲が、おのずと湧《わ》き上がってくるのだ。「この果てしない親心にお応《こた》えする道は、人をたすける心の涵養《かんよう》と実践を措《お》いて無い」（諭達第二号）という真柱様の思《おぼし》召《めし》を、わが命をかけても忠実に実行させていただきたいという勇み心が、自然の発露として湧いてくるのである。自ら進んでご恩に報いたいという、主体的に生きる情熱をもって通ることが、かりものの理に生きる核心である。

　前にも述べたが、貸し主（親神様）と借り主（私）との間柄は、貸し主が慈愛をもって借り主を信頼され、信用され、かつ期待されて、この大切なかりものの身体《からだ》を貸してくだされているのだ。貸し借りの関係の大前提に、貸し主の思惑（思召）があると指摘したごとく、貸し主は、借り主に陽気ぐらしをさせたいとて、この身体を貸し与えてくだされ、寸刻の休みも中断もなく守護され、お連れ通りくだされているので

ある。

私は、陽気ぐらしをさせていただく私自身の具体的な通り方として、布教するよふぼくとしてお使いいただく道を選び、決断して通らせていただいている。どこまで、如何《いか》にしてお使いくださるようになるか。それは私の心次第ということである。すなわち、わが心をどこまで一筋に、忠実にをやを誠にして通ることができるか、という点にかかっているのである。

また、私自身の命も、出直しも、思召次第である。いわゆる生殺与奪《せいさつよだつ》は思召による。をやのご期待に応え、一人ひとりが自らの役割使命を自覚して実践することを、貸し主たる親神様は、かしもの・かりものの関係ができる原初（宿し込みの時）から期待されているのである。かりものの理に生きるとは、親神様のご期待に応えて通りたいということを、自らの肚《はら》の底に治めて通ることである。

をやを信ずるというレベルから、信ずるがゆえに思召を立てきり、いかなる障害があろうとも全身全霊をもって実行する、つまり、誠にして通ってこそ、次第にかりも

のの理が私自身の血となり肉となるということであろう。

私はわが生涯を省みて、かりものの理に生きることが、この道の信仰者の信仰者たる所以《ゆえん》である、すなわち〝ほんものの信仰者〟の核心であると思うようになった。それを志して私は歩んでいる。七十年以上もかかって、ようやく、やっと、ここにたどり着いたという程度の、甚《はなは》だ晩生《おくて》ではある。しかも、まだまだ不徹底の誹《そし》りは免《まぬか》れない。

ところが、そんな不徹底さにもかかわらず、をやは、素晴らしいという一語に尽きるような自由《じゅうよう》のご守護をお現しくだされて、このたびのご年祭をお連れ通りくだされたのであった。かりものの理に生きることが布教の活力源となるのだということを、具体的にお教えくだされたのである。一人ひとりが、かりものの理に生きて通ることが、お道が一段と飛躍し活性化するための中心課題であると、私は確信するに至った。この信条は私の独断と偏見ではなく、普遍妥当性の天理であることを、私の実践を通して実証し、そんなよふぼくを一人でも多く丹精していくことが、今後の私のつとめ

であり、使命であると自覚する。

それを考えると、年祭後の次なる目標に向け、さらに一段とかりものの理に生きる喜びの徹底を期して通らせていただくことができたならば、どれほどの自由のおはたらきを頂けるか、私は楽しみであり、心わくわくさせながら、主体的に（自ら進んで自分の決断によって）情熱を燃やし、通らせていただきたいと念願している次第だ。これは、お道本来の信仰の復元であると位置づけることができるのではないか。

そんなことを思うのは、私は欲が深いからであろうか。いや、そうではあるまい。〝理に適《かな》ったよく〟はよろしいと聞かせていただいている。大きな欲（もちろん理に適ったもの）は、生命力の発現だと考えてよいのではないか。

ところで、〝やる気〟満々たる現在の自分自身を、時には客観化して見ることもある。そうすると、やる気旺盛《おうせい》な自分を素敵だというよりは、少々滑稽《こっけい》に見える。いい歳《とし》をして、まるで本来の青年のようだからである。これも楽しいことではないか。

「ただしいこと（正義）を信条にしたらあかん。楽しいことをしたらよし」と言ったある女流作家のことを思い出した。飄々《ひょうひょう》としながらも、自分の信念を貫き通すその生き方は魅力的である。

かりものの理に生きるのは、心が勇み、楽しいことなのである。

思うに、自由のおはたらきを、をやから見せていただけることは、この世で最も嬉しく楽しいことではないか。広大にして無辺なるおはたらき、それはすべて親心の現れなのだが、その一端を体験させていただくだけでも、身の震えるような感動とともに、楽しい極みであると思う。そんな楽しさを、私の心一つで、すなわち自らの決断と情熱をもって、自主的にかりものの理に生きることによって体得できるとは、なんとありがたくも嬉しい限りではないか。

何を犠牲にし、何を捨ててでも、そんな楽しさを体得したいと私は思っている。それほど限りない魅力、底なしの感動、喜びが、この体得体現に内蔵されているということだ。

そしてまた、かりものの理に生きる喜びは〝私〟の喜びにとどまらず、〝公〟の、すなわち、人間に陽気ぐらしをさせ、神もともに楽しみたいという天の理に直結していると認識したい。それは、をやが待ち望んでいる生き方、喜びであるからである。

かりものの理に生きるということは、をやに喜んでいただきたいという「無私」の精神に生きることでもある。竹川俊治という「私」はもちろん、教会や教会系統という「私」をも超え、天の理という永遠の価値（「公」）といってもよいものに、自らを捧《ささ》げて生きようとすることである。

ある歴史研究家が説いているが、「私」を強調するから個性が光り輝くのではなくて、むしろ「公」というものに自らを捨てていく「無私」の生き方こそ、その人の個性が光り輝いていくのではないか。そんな個性ある生き方こそ、陽気ぐらしと言えるのではないだろうか。私は、そんな陽気ぐらしをしたいものである。

日本の教育改革の問題から

いささか脇道にそれてみたい。

現在、わが国の教育改革という問題の論議が盛んである。戦後の教育の成果が問われているのだが、教育は「国家百年の計」といわれているように、将来の有為な人間を育てようという営みである。人間の心の問題が最も大切であるのは言うまでもない。ところが、学校制度を変えるとか、教育方針を新しく設定するという、二次的三次的と思われる話に限られて論議が集中しているように思われる。教育を制度や子ども（若年層）だけの問題として考えているようでは、教育の改革にはなり得ないのではないか。現在の大人たちも含め、どのような人間の精神を形成するのか、そのために何をすればいいのか、といった論議がなされていないように思うのである。人間の心の問題、その重要性といった教育の中身が抜け落ちていれば、真の教育改革は実現し

ないと私は思う。

平成十八年（二〇〇六年）十月ごろから、文部科学省の高等学校における学習指導要領で定められた必修科目を、あえて未履修のまま（必修であることを無視し）、高校で授業が続けられ卒業させようとしていたことが明るみに出た。それも特定の高校だけではなく、公立私立を問わず全国的な規模で、そんな不正・ごまかしが横行していたことを知って、私は唖然《あぜん》とした。

最近さまざまな、凶悪で横暴な事件や問題が続出する中で、この高校の学習指導要領を無視する姿勢は、ささやかなことに見えるが、実に現代の病を象徴する社会問題であると考える。

「大学受験に必要な科目だけにしたい」という生徒からの要望を、先生方がその理由に挙げたり、大学受験の結果による世間の学校や先生に対する評判を慮《おもんぱか》り、あえて不正や規則無視・違反を、教育の現場で、教育者たる先生方自身が行っていたことに、私は殊《こと》のほか大きなショックを受けた。

大学進学実績を重視する学校や先生、また、それを希望する親。市教委、県教委など教育委員会の責任。あるいは、大学の推薦入試のあり方、文部科学省の指導要領そのものをも検討すべきだという意見等、問題は続出している。

教育とは何なのかという、根本にかえって考えねばならない旬《とき》を迎えている。そんなときに、教育改革といいながら、教育制度や子どもだけ（若者も含め）の話に限定している現在の論議では、何も解決しないというのは明らかではないか。そんな教育を進めてきた大人や指導者の側にこそ、大きな問題があるのではないか。それに対する反省や、大人への教育の問題を度外視する姿勢や態度を含め、教育の原点にかえらねばならぬ旬を迎えていると思うのである。

また、そんな教育の具体的な問題をあげつらい、それを政争の具にしようとするのは、情けないというか、浅ましいとさえ思う。

「国家百年の計」といわれる教育とはいったい何なのか、あるいは、何のための教育か。人間の暮らしにとって教育とはどんな意味があるのか、あるいは、教育によって

どんな人間を形成しようとするのかといった、根本に立ちかえって考えねばならないのだ。そして、自らの拠《よ》って立つべき理論的な立脚点、つまり軸足が定まっているということが不可欠の要因であるということだ。

さて、私のいつもの癖《くせ》で、こうした社会の問題をわが身に引き寄せ、では、私はどうか、このお道はどうか、といった問題意識がおのずと衝《つ》き上がってくるのである。いままでにもふれてきたが、私は〝ほんものの信仰者〟を志し、さまざまな試行錯誤を経て、かりものの理に生きることこそ私の生き方の核（いわゆる不動の軸足）にしたいと、遅まきながら決心できるようになった。そして、ただいま、鋭意心を尽くして一歩一歩、歩ませていただいているつもりである。目標も歩み方も自覚できるようになったのだ。いわば、私自身に対する教育、人間形成（修養）のあり方は、明白に認識しているつもりである。

お道は、教祖百二十年祭を勤め終え、次なる目標に向かって新たな門出を迎えている。しばしば指摘されているように、お道にとって、まことに大事な句である。心機

一転、厳しい現状から脱出し、将来に向かって大きく羽ばたく一大転換の旬にしたいということである。

先にふれた日本の現今の教育改革の問題ではないが、私の悟るところ、信仰の原点に復《かえ》ること、かりものの理に生きる信仰そのものの復元が、いま、をやから待ち望まれていると思案させていただくのである。軸足は定まっている。

教育（育成）制度の再検討や、若者の育成の問題は、大変重要かつ大事な課題であり、ぜひ真剣に取り組まねばならないことは、誰《だれ》しも認めるところである。「百年の計」ではないが、将来を展望すればするほど、その重要性は増すばかりである。果たして所期の目標を達成できるかどうか。

要は、信仰の内容、中身、質をどうするかが、勝負の鍵《かぎ》となるのではないか。

これまた私の理解するところ、かりものの理に生きる信仰、すなわち「私はをやによってたすけていただいている」という自覚、「をやを誠にして通る」という肚《はら》を据えた覚悟、「をやのご恩に報いたい」という自主的な実践を引き出すことを、組織としての育成制度の内容にしなければならないと思うのである。そのためには、どのような育成課程や方法がベターであるかといった検討が行われるのであろう。目指すべき信仰の内実（理念）をしっかり見据えたうえで、かつ、自らもそんな信仰の内実を体得することを念願し、鋭意努力することを、教会長・よふぼくを問わず、お道全体に求められているのではないか。結局、よふぼく一人ひとりの自主性を引き出し、育てていくよう、組織としてどのような施策を行うかというのが、個人と組織の相関関係といえるのではないか。要は、よふぼくの自主性が鍵となるのだ。

　手直しとか改善では解決しないほどに、現在のお道の課題は根源的であり、根の深いものであり、この課題解決のために肚を据えて取り組む覚悟を定めて行動してこそ、将来、大きく羽ばたくことができるのではないかというのが、私の悟りである。

　日本の教育改革の問題から、こんなことを考えていく。例の私の癖がまた出てしまったようである。

一粒の種蒔き

教祖百二十年祭の年も余すところわずかとなった平成十八年（二〇〇六年）十二月七日、中国・上海《シャンハイ》水産大学の日本学科の学生を対象に、私は日本の文明文化について話をする機会を与えられた。

中国の大学は日本とは若干異なり、たとえば水産大学（ユニバーシティー）の中に、学院（カレッジ）が九つもあり、その一つである外国語学院の中に、日本学科をはじめ、いくつもの外国学科がある。その日本学科の主任は、よふぼくであるWさん（女性）である。彼女は十年前に五年間、飾大《しきだい》分教会に在住し、関西の大学を卒業して上海に帰った。この先生の教え子の中から、いままでに十余人が天理大学などに留学し、すべてよふぼくとなっている。

Wさんは私のために、中国布教の一環として大学で話をする機会をつくりたいと奔

走し、やっと実現する運びとなった。中国では、現状では戸外での布教活動は厳禁されているし、ましてや天理教の布教師が国立の大学で話をすることなど考えられもしない。

種々相談の結果、私の肩書は天理大学の講師（私は以前に天理大学の伝道課程で講師をさせていただいたことがある。この肩書を使用することについては天理大学学長にも許可を得た）、話のテーマは「生活文化面にみる中国と日本の特徴」、受講対象は日本学科の学生（二、三、四回生）、日本語で話をする、時間は授業の一コマである九十分――以上のことなどが決まった。

前もって話のレジュメを提出し、当日はそのレジュメが階段教室のスクリーンに映し出される具合である。九十分の話の中で、信仰とか天理教という言葉を一切出さないように留意しなければならなかった。だが、話の内容はもちろん、お道の話になっていくのである。具体的で理解しやすい内容を心掛けたつもりである。

話の概略は次の通りであった。

世界の七大文明の中に、中華文明と日本文明がある。二十世紀に入り、日本は独自の文明を形成していることが、世界的に著名な文明論者（アーノルド・J・トインビーやサミュエル・ハンチントン、梅棹忠夫《うめさおただお》など）によって論証されているという。私は、日本の文明は「周辺文明」という概念では説明しきれない、独自の全く異質の文明だということを説明した。そして、それを相互に認め合うことが大切であり、どちらが優れているかという判断は避けねばならない。また、自国の文化文明を押しつけることは争いの元となり、戦争を引き起こすと話した。

具体的な生活文化の中では、たとえばその中の一つとして、食べるということに対する考え方や食事の取り方には、中国と日本では微妙な相違がある点を取り上げた。日本では食事のときに、幼少のころから「いただきます」「ごちそうさま」と言うが、これは長い習慣と躾《しつけ》によって、自然に生活の中に融《と》けこんでいて、生活文化を形成している。自然の恵みを喜び、感謝する生活態度の現れである。

中国では、これに相当する言葉はないといわれる。だが、食べることは一種の誇り、

自慢とも考えられている。以前、中国では人と出会うと「食事をしましたか」というのが日常のあいさつであった。多くの人が通常の食事を取ることが大変だった過去があったのである。そのためか、現在でも街の店頭で、店番をしている店員の食事中にお客さんが来ると、店員は食事を取りながら客と応対する。私は当初、客に対して失礼だし行儀が悪いと思っていたが、長い習慣で、いまこうして食事ができることを自慢したい、誇りに思っているという生活文化の現れだと思うと、腹が立たなくなった、という経験なども話した。

日本では、自然に対して一種の畏怖《いふ》や敬愛感をもつ伝統がある。さらに、この自然そのものを創造し、常に機能させている「偉大なる何ものか」の実在を主張する傾向が強くなりつつある。この主張が、いずれ日本文明の中核となるであろうと述べ、あとは具体的な事例を語った。

親神様のことを「偉大なる何ものか」（サムシング・グレート）という表現や、高次の実在という言葉を使って表した。またたく間に九十分が過ぎてしまった。

私は、教祖百二十年祭の年という旬に、こんな経験をさせていただき、大きなをやの思召《おぼしめし》を感じざるを得なかった。微々たることながら、一粒の種蒔《ま》きができたことをありがたく思った。ちなみに、私の話は三回の予定である（第二回は平成十九年四月九日に行い、第三回は九月である）。次なる目標達成への第一歩にしたいものである。

思うに、わが故郷から遠く隔たった土地で、この句に、予想もしていなかった一粒の種蒔きをさせていただくことができ、私は感無量であった。その蒔いた種は、風に吹かれていずこへ飛んでいくか、むろん分かりはしない。だが、種を蒔かせていただいた（実はをやが蒔かせてくだされたのだ）という事実は、消えて無くなるものではない。とにかく、蒔かぬ種は生えることはない。

それを思うと、「をやのめにかのふた」（十五 66）信仰者を志す者にとって、このささやかな行為が、嬉《うれ》しく、また楽しくつとめさせていただくことができたと思えてくるのである。

これもまた、かりものの理に生きる喜びであろう。そして、海外布教においては、

特に「湧《わ》き立つ喜びをもって布教しよう」と仰せになる二代真柱様の思召（108ページ「〝心に湧き立つ喜び〟で布教する」参照）にも沿わせていただけるように思う。

をやにお使いいただいていると思うと、つい意欲横溢《おういつ》、何からでもをやのご恩にお報いしたい、お応《こた》えしたいと、さらに心が勇んでくる。ありがたい限りではないか。

をやの思いに近づく意識は、かねがね研《と》ぎ澄まし続けているつもりであるが、自らを省みるとき、意欲が先行し、実践が遅れがちになってしまう現状は、申し訳ない次第である。それにもかかわらず、をやは、そんな凡俗な私自身にさえ、心勇む楽しい日々を歩ませてくだされ、お連れ通りくださっているのである。

をやのめにかのふたものハにち／＼に
だん／＼心いさむばかりや
（十五　66）

親神様・教祖、ありがとうございます。

第二部
わが心より真実を見よ

第二部「わが心より真実を見よ」は、『みちのとも』の連載に加筆したものです。

・教祖百二十年祭へ向かって【立教一六六年七月―一六七年十二月】（97ページ）

・年祭活動仕上げの年【立教一六八年一月―十二月】（189ページ）

・教祖百二十年祭の年【立教一六九年一月―十二月】（251ページ）

の年月は、いずれも『みちのとも』の掲載月を表します。

教祖百二十年祭へ向かって

【立教一六六年七月—一六七年十二月】

〝ほんものの信仰者〟になりたい

世の中が激しく移り変わるにつれ、親神様が私たちに与えられる〝節〟のかたちにも、その時代の特色や地域の特殊性が色濃く反映されているように思われる。殊《こと》に海外においては、その感を深くする。

「天理教の看板を取りはずせ」

「太鼓をたたいてはならん」

マレーシアにある飾大《しきだい》クアラルンプール布教所に、二人の警察官がやって来て、そんな命令をしていったのは数年前のことである。

一九九一年（平成三年）に、現地のマレーシア人の教人《きょうと》を所長として正式に布教所

開設のお許しを頂いて以来、初めてのことであった。また、現地の日本企業の社長が、修養科修了の記念にと、太鼓とすりがねをお供えしてくださり、太鼓も入れておつとめをさせていただくようになって、まだ日も浅いころであった。

「マレーシア政府は認めていない」というのが、看板撤去の理由であった。

これは親神様の如何《いか》なる思召《おぼしめし》であるのか、どのように対処すればよいかと、何度も話し合った。マレーシアのようなイスラム圏での布教は、やはり無理だ、時期尚早だという意見もあった。

結論として、政府から天理教の布教公認をとろう、そのためにあらゆる努力をしよう、ということになった。

イスラム教を国教とし、全人口の七割近くがその信者である国でのお道の布教は、当初から平坦《へいたん》な道ではないと覚悟はしていたが、そのころ、日本ではオウム真理教の地下鉄サリン事件、中国での法輪功《ほうりんこう》の弾圧など、宗教に関《かか》わる一連の事件が相次ぎ、マレーシアでもいち早く報道され、大きな関心がもたれていたし、宗教警察の監視も一層厳しくなった矢先のことであった。

Ｒ・Ｏ・Ｃ（社団法人――日本での宗教法人に相当）の認可をとる手続きを始め、天理教の教義、歴史、活動の現況や参考資料はもとより、役員となる七人の名簿なども提出したが、この七人はすべて非マレー系のマレーシア国民（中国系、インド系など）でなければならないということであった。ちなみにマレー系の住民は、すべてイスラム教徒である。

その七人は全員よふぼく（うち五人は修養科修了者）であり、必要な書類一式を提出し、あとは結果を待つばかりとなった。

だが、一年以上過ぎても、なんの音沙汰《おとさた》もない。気をもむばかりであったが、役員となるべき七人の身元調査を厳格に行っているという情報も耳にした。

さらに一年半ほど経《た》ったころ、政府の調査員が布教所にやって来て、いろいろなことを聴取して帰っていった。

書類提出からすでに三年は過ぎているのに認可がおりず、あきらめざるを得ない状況であった。私は、この〝節〟に込められている親神様・教祖《おやさま》の思召を求め、いろいろ反省もし、また心定めをさせていただいた。そして「私は現在七十歳ですが、いのちある限り、生涯マレーシアで布教させていただきます」と肚《はら》を決め、十年間有効の長期滞在ビザを申請した。

　すると、そのビザが発給されてちょうど一カ月後に、ついに待望のR・O・Cの認可がおりたのである。二〇〇〇年（平成十二年）五月二十五日のことであった。

　この認承書を手にして、感無量であった。私は私の心定めをあらためて確認させていただいたことはもちろんだが、『稿本天理教教祖伝逸話篇』の　篇「九五　道の二百里も」が脳裏から離れなかった。

　明治十五年（一八八二年）、鴻田忠三郎《こうだちゅうざぶろう》先生は、「道の二百里も橋かけてある」との教祖のお言葉に感激し、当時おぢばから徒歩で十六日もかかる新潟へ布教の第一歩を踏み出されたという。

　私は「おぢばから五千キロ離れたマレーシアへ、教祖が橋をかけてくだされたのだ。

私が渡らねば、この橋、無駄《むだ》になる」というマレーシア布教への確かな思召を、教祖から頂いたのだと思った。

「看板を取りはずせ」との〝節〟は、まさしく「性根《しょうね》を入れて布教せよ」という、教祖からのありがたいお仕込みであるとともに、「世界一れつをたすけたい」との思召とその親心の一端を、わが身に、わが肌に感じさせていただくことができて、こんなに嬉《うれ》しい、ありがたいことはなかった。

親神様の思召を立てきって通ることこそ、教祖のひながたの道の根底にある精神であり、それをまねび実践することが、お道の〝ほんものの信仰〟ではないか。

存命の教祖が橋をかけてくだされているのだ。至らぬ私だからこそ、せめても心を尽くし、身を尽くし、力の限りを尽くして、この親心にお応《こた》えさせていただきたいと願う次第である。これはまた、私の教祖百二十年祭活動の一つでもある。

私は〝ほんものの信仰者〟になりたい、と思う。

節は教祖のお仕込み、再生の種

イラクのフセイン政権が崩壊し、その後の混乱ぶりや、国家再生への多難な道を模索する様子がテレビで報じられている。そんな映像の片隅に、目の血走った若者の顔や放心したような姿がときどき映し出されることがあり、それを見ると、なんだか他人事とは思えず、気になってしまうのである。私自身の敗戦直後の経験が蘇《よみがえ》ってくるからである。

十六歳のとき、私は日本の敗戦に直面した。権威や権力が一時に瓦解《がかい》し、世相は乱れ、私自身が混沌《こんとん》の渦中に投げ込まれた感じで、何ごとも信じられぬ、信じてはならぬということを痛切に思い知らされた。

その半面、それだからこそ、たとえどんな時代や社会になっても、変わらぬもの、変わってはならぬものが必ずあるはずだと思い、いったいそれは何なのかと真剣に探し求めた。映像の中のイラクの若者に、かつての自分に似たものを見いだすのである。

さて、そんなときに私の父が出直した。

「この道さえ通らせていただいたら、それでええのや」と私に遺言して、息を引きとった。この言葉に、ハッと胸を打たれた。

五十年近く道一条で通ってきた父と母。物質的には裸同然の状態にあっても、喜びと信念を持って、ただ一筋の道を歩んだ。だが、当時の状況を子供の眼《め》から見ても、教会は空襲で全焼し、信者さんもほとんどが被災していて、教会の復興どころか、どうやって生きていくのかという目途《めど》も立たない不安感に覆われている、そんな中での父の遺言であった。変わらぬもの、変わってはならぬものを体得した〝ほんものの信仰者〟を、私はこのひと言によって見いだしたと思ったのである。

それが、私の入信のきっかけであった。私は生きかえったように思った。

あれから約五十年。私は父と同じような歳《とし》になって、同じ身上になった。胃がんであり、しかも、胃の幽門《ゆうもん》近くという患部までもが同じであった。私はこれで、自分も出直すのではないかと思った。

出直しという人生の厳粛《げんしゅく》な事実に、わが身が真正面から向き合うことになり、入信の契機となった〝ほんものの信仰者〟という課題が念頭から離れなくなった。

「いずれ手術をします」と、担当の医者は妻に直接言ったらしいが、私の耳には入れなかった。二カ月間の入院生活後、私は手術を受けずに一応、退院することとなった。

それから、やがて十一年になる。私は生きかえらせていただいたのだ。わが身のいんねんを確実に教えていただくと同時に、至らぬながらも日夜たすけの道につとめさせていただいたおかげか、「救《たす》ける理が救かる」（おかきさげ）ことを如実《にょじつ》に教えてくだされたのである。ありがたいことである。

親神様、教祖、ぢばを誠にして通る――これが道の信仰の本筋であろう。〝ほんものの信仰者〟ということである。神一条の道、すなわち元の神・実の神である親神様が、教祖をやしろとして直々《じきじき》おつけくだされたこの道を、知っている分かっているという知の領域を超えて、わが心で、わが身で、力の限りを尽くして実践することが「誠にして通る」ことであろう。それはまた、教祖ひながたをまねび実践することでもある。

教祖は、私たち夫婦にさまざまな〝節〟をお与えくだされ、お連れ通りくだされている。

たとえば、末娘（当時二十二歳）のあわや出直しという大事故と、そこからの再生。孫娘（当時五歳）の手術不可能な脳腫瘍《しゅよう》による出直しと、一年一カ月後の女児誕生（生まれ替わり）。身を切られるような教会事情。私の胃がん。これらを平成五年の一年間に、次から次へと連続して見せられたが、「難儀さそうと不自由さそうというをやは無い」（明治24・1・21）とのお言葉を固く信じ、〝節〟に込められた思召《おぼしめし》と親心を必死に求め、通らせていただいた。

かりそめにも「信仰しているのに、なぜこんなことになるのか」とか、「こんな苦しみを、なぜ味わわなければならないのか」といった受けとめ方だけはしなかったつもりである。それは、教祖に疑念や不信を投げつけることになるからだ。〝節〟は皆、教祖からの結構なお仕込みであり、ありがたいご指示である。再生の種なのだ。

テレビに映し出されていたイラクの若者たちの不安げな姿は、何もイラクだけでなく、世界中どこにでも、特に身近なわが国において顕著にうかがえる姿である。〝ほんもの〟を志向してこそ、不安は解消され、激動の世にあっても自分自身を見失うことなく、心勇んで生きることができるのだ。

〝ほんもの〟をその背からふり落とそうと、数の論理、力の論理が幅をきかせながら迷走しつづける社会であり、時勢ではある。だからこそ、これに振り回されず染まらず、教祖のひながたを忠実に勇敢に歩む〝ほんものの信仰者〟になりたいと思う。たとえそのことが、時流に対するすさまじい反発だとしても。

〝心に湧き立つ喜び〟で布教する

ずいぶん前になるが、布教をするにはどんな方法がいいのかと、その速効性や効率性を満足させるやり方を求めて、思い惑ったことがあった。いろいろなことをやってみるが、布教の実績はあがらず、自信も湧《わ》いてこず、したがって布教する喜びの少ない日々が長らく続いた。

そんなある日、深夜の三時近くなってようやく床に就《つ》くことになり、教会の朝づとめのため六時には起床せねばならぬと、目覚まし時計をセットして就寝した。

時計は正直だ。時刻通り、けたたましくベルが鳴り響き、熟睡中の私は起きざるを得なかった。意識は朦朧《もうろう》、混沌《こんとん》といった状態であったが、一瞬、思いもよらぬヒラメキが脳裏を走った。

――もし、おまえのいのちが、あと三カ月しかないと言われたら、おまえはどうするか。嘆き悲しむのか。あるいは、どんな布教の方法がよいかと思案を続けるのか。それより、たとえどんなやり方であろうとも、這《は》いずり回り、手当たり次第に人をつかまえ、この三カ月を奔走して布教するのではないか――と。

私は、この瞬時のヒラメキに、「あっ、なるほど！」と思い、すべての迷いは氷解した。

私の発想が根本的に間違っていたのだ。布教の方法如何《いかん》ということも大事だが、それは二の次三の次であり、最も重要かつ必要なことは、なんとしてでも布教させていただくという布教に対する心意気、気迫を持つことではないか。性根《しょうね》を定めて掛かれば、どんな方法でもよいのだ、活《い》きてくるのだと実感できるようになった。

事実、時や所を選ばず、袖《そで》振り合う人々に働きかけることが、これ以後はぐっと楽しくなり、内に布教への気迫を秘めつつも、外見上はにこにこヘラヘラしながらやれるようになり、また、確かな手ごたえを得られるようになった。

　布教の方法手段に惑っていた自分自身が、実は〝速くて便利で効率よく〟といった、現代社会の文化の風潮に汚染されていたことに気づくと同時に、「いま、いのちを与えていただいている」という「かしもの・かりもの」の教えが、この一瞬のヒラメキがきっかけとなって、ようやく肚《はら》に据わるようになった。布教に取り組む私の考えも、自然に変わってきたように思う。

　たとえば、にをいがけによって一人の人間の生き方を変え、運命の転換をしてもらおうというのに、私自身に気迫や粘《ねば》りがなくて、どうしてそんな大きな仕事ができるであろうか。布教に対する私の姿勢の甘さ、軽薄さも思い知らされた。

　チラシを郵便受けに入れるといったことも、要は、魂の入った布教をさせてもらうということから言えば、一戸ごとに心を込め、「たすかってもらいたい」「陽気ぐらしをしてもらいたい」と祈念しながら行いたいものだ。それはまた、「人をたすける心の涵養《かんよう》と実践」に通じるからである。

魂の入った布教、ということについて、私が衝撃を受けたお話がある。

それは、昭和三十一年（一九五六年）四月二十一日、天理教青年会第三十二回総会における二代真柱様のお言葉である（当時、私は青年会員でありながら、このお話を心に留めることができず、二十数年経《た》ってから学ばせていただき、心に刻むようになった）。

そのお話を、私なりに次のように理解させていただいている。

昭和二十年の日本の敗戦によって、それまで海外で辛酸《しんさん》をなめながら布教してこられた教会や布教師が、次々と引き揚げざるを得なくなった。

これは大戦後の世界史的な変動ゆえに、やむを得ぬこと、どうにもならぬ歴史のしからしめるところと、皆そう思い込んでいた。いまで言う「時代のゆえに」ということであった。

これに対し二代真柱様は、お道の将来を思い、海外布教をすすめるうえから、天理外国語学校（天理大学の前身）、図書館、参考館、印刷所等を設置し、手を尽くされた。

いわば方法、手段、道具といった手立ては、十分に整えられてきたのである。

しかるに、この布教の頓挫《とんざ》という〝節〟を与えられた。なぜか。それは〝心に湧き立つ喜び〟をもって布教せよ、との遠大な思召《おぼしめし》と親心から、教祖は〝節〟を与えられたのだ。最も大切なことは〝心に湧き立つ喜び〟なのだと、二代真柱様は、反省と将来への抱負を、実に率直に語られたのである。ややもすると「時代のゆえに布教は困難」（当時も今も）と考えがちな私たちの〝常識〟を破砕する、すさまじいお話だと、私は受けとめさせていただいている。

かつて、布教の方法にこだわっていた私は、魂の入った布教を志すようになって、布教する喜びや楽しさを体得できるようになった。

親心を求め〝心に湧き立つ喜び〟をもって、という布教の原点、信仰の原点に立ちかえることを、これからも続けたい。

教祖百二十年祭活動は、布教が中心課題である。ありがたい布教の旬である。

教祖をお慕いする至純の精神こそ

いかなる人も、わが身が出直しに直面したとき、深浅濃淡の差こそあれ、自分の人生の意味を考えるのではあるまいか。もちろん、そのとき抱く感懐も百人百様であるだろうが、私自身は「息一つ」（いま、命を与えていただいているという現実）のありがたさ、そしてその決定的な重みを嚙《か》みしめながら、この〝節〟から実に多くの大切なことを教えていただき、嬉《うれ》しい極みという実感をもつ。

たとえば、私が自分自身をあらためて明確に意識する、いわゆる〝自らを知る〟作業を行い、与えられたこれからの人生で、何を志向して生きるかと考えたとき、私は〝ほんものの信仰者〟になりたい、それを私なりに達成したいと思うようになった。

世間の風評や、いま流行《はや》りの理念などが一時的なものに思え、それに左右されず、本当に自分がしなければならないことに集中したいと思ったのである。

それも、自分の人生のみで完結するのではなく、歴史や未来といったさまざまなものとの関《かか》わりの中から、私自身がこの世に生を享《う》けた意味や価値、そしてまた自分の役割を自覚できれば、と切望する。

そもそも、かしもの・かりものの教えは、生かされているという喜びや感謝にとどまらず、それに裏打ちされて自らを知り、自らの使命・役割に生きる決断をするという、〝実践のための教え〟であると理解している。それゆえに、私が切望するのも、あながち無謀でも滑稽《こっけい》でもないと思う。

そればかりか、世界たすけにお使いいただける〝よふぼく〟に成人すること、すなわち、自らの役割を自覚し実践することが、いま強く待ち望まれているのだ。

教祖の思召《おぼしめし》を最も正しく知り、最も勇敢に実現しようと努めるのは〝ほんものの信仰者〟の重要な一面だが、思召を正しく知るとはどういうことかについて、このたび

私は次のようなことを学ばせていただいた。

立教一六五年（平成十四年）一月二十六日の春季大祭で、真柱様は、来《きた》るべき教祖百二十年祭に向け、「心の下地づくり」をするよう、ご指示くだされた。これは、三年千日のお打ち出しと同時に、間髪を入れず年祭活動に打ち込めるように、との温かいご配慮からである。

早速、私は年祭活動の心定めと、それを達成するための努力目標を一つひとつ練り上げて文章化し、お打ち出しを一日千秋《いちじつせんしゅう》の思いで待ち望んだ。言うまでもないが、おぢばから打ち出される真柱様のご指示を守り、実行することは、信仰者のあり方の初歩であり基本である。

私は、私の年祭活動の一つに、中国布教を心定めさせていただいた。なんでまた、と唐突な感を持たれるかもしれないが、私が思うには、中国におけるお道の歴史は、戦前、幾多の先輩たちが伏せ込まれた辛苦《しんく》の歴史であるし、二十一世紀という時代は、好むと好まざるとに関わらず、中国は無視できない存在であり、お道の世界たすけという布教戦略上、きわめて重要な意義をもってくると、かねがね考えていた。

微々たることながら、私もそのための種蒔《たねま》きの準備をし、数は多くないが、核となるべき人材の発掘・育成を心がけてきた。

十月二十六日の秋季大祭で、真柱様から『諭達第二号』をご発布いただくと同時に、年祭活動が本格的にスタートした。ところが、この日を待っていたとばかりに、予想もしなかった不思議な動きをお見せいただき、驚きに身の引き締まる思いがした。

その動きの一つは、十二月十五日、中国江西《こうせい》省南昌《なんしょう》市に在住するよふぼく一家（両親はよふぼく、長男は前年春に修養科、教会長資格検定講習会前期を了《お》え、七月に教人登録）の自宅に、神実《かんざね》様をお祀《まつ》りさせていただいたことである。いま一つは、中国上海《シャンハイ》市のよふぼく一家（両親と息子がよふぼく）のところにも、神実様をお祀りさせていただくことができた。十二月十八日のことである。〝種〟が蒔かれたのである。

年祭活動のお打ち出しの前後に、これらの話が持ち上がり、現実となってきたことに、私は旬の動きと教祖の思召をまざまざと感じ、胸が震えた。こんなかたちで教祖の思召を知ることができ、おのずと肚《はら》の底から言い知れぬ勇気、元気が湧《わ》いてくる。

この〝種〟から、どんな芽が萌《も》え出るのか。前途は遼遠《りょうえん》にして、多難なことは覚悟のうえ。宗教や修養団体に特殊な態度をとる中国のことである。予測も予断も許されないが、私はただ、教祖の思召を誠にして通るだけである。そして若い人たちが、後に続いてくるのを確信するばかりである。

〝こうせよ〟というご指示がなくても、教祖の深い思召を推測・拝察し、〝その心、受けとったで〟と教祖に仰せいただきたい、教祖にただ喜んでいただきたい一念で、その成果・結果や利害・損得を度外視した行動こそ、教祖をお慕いする至純の精神の発露であり、「言わん言えんの理を聞き分ける」ことになるのではないか。これは、子の親に対する「孝」の最たるものであり、私たちの心の成人の大切な目標《めどう》であろう。いま、まさに成人の旬。

本気になれば自分自身が変わる

火星が地球に大接近した。二〇〇三年（平成十五年）八月二十七日、五五七六万キロメートルまで近づいたが、これは過去六万年間で一番の接近であり、人類史上初の大接近という。これ以上となると、二百八十四年後の西暦二二八七年八月二十八日までないという公式の発表だ。

なんとも想像を絶する壮大な話に圧倒されるが、こんな緻密《ちみつ》な計算ができるのもさることながら、それ以上に驚嘆させられるのは、宇宙自体がそのような計算を成り立たせる法則のもとにあることだ。火星の接近が完璧《かんぺき》に予測できるほど、寸分狂わず運行されているという事実である。

もちろん、それは偶然やはずみによってできたものでないことは、誰《だれ》しも認めるところである。人類は古《いにしえ》より、このような整然たる宇宙を創造し、支え、司《つかさど》る〝何ものか〟の存在を思い、それを神、絶対者、超越者、高次の実在、偉大なるもの等々と表現してきたが、私たち道の信仰者は、親神・天理王命と教えていただいている。

ところが、この限りなく偉大な〝はたらき〟をされる親神様が「おもて」に顕《あら》われたのである。

「我《われ》は元の神・実の神である。この屋敷にいんねんあり。このたび、世界一れつをたすけるために天降《あまくだ》つた。みきを神のやしろに貰《もら》い受けたい」（『天理教教典』第一章）と、啓示《けいじ》られたのである。

天体の運行に驚嘆し、畏敬《いけい》の念さえ喚起された者にとっても、この啓示は、それ以上の衝撃であり、まさに青天における雷鳴の轟《とどろ》きにもたとえられる〝大事件〟である。

親神様が「おもて」に顕われるということを、いかなる思いで受けとめさせていただくか。これは信仰の根幹に関《かか》わる、きわめて重大な問題である。たとえば「我は元の神・実の神である」という簡潔なこの言葉の中に、限りなく偉大な〝はたらき〟をされる親神様、そして私自身にとっては「かしもの・かりものの理」によって、この私にいのちを与え、人間としてお連れ通りくだされている親神様が、教祖を通して「おもて」に出て「よろづいさいの元」を教えておられるのである。

　この道は、そのような親神様ご自身のご発意からはじめられ、親神様によって直接お啓《ひら》きくだされた道である。それを「神一条の道」とお教えくだされている。「神一条の道」には、ほかとは峻別《しゅんべつ》されるべき深い思召《おぼしめし》と意味内容が込められていることを、私たちは第一に、率直に納得したい。

　果たして私たち信仰者は、それに相応《ふさわ》しく、厳粛《げんしゅく》にして敬虔《けいけん》な受けとめ方をしているであろうか。

　たとえば「このよふをはじめた神のゆう事に　せんに一つもちがう事なし」（一　43）とまで言われているほどに、この道に対する絶対の信頼、この道さえ通れば必ずたすかるという安心、この道より道はないという確信、この道に引き寄せられたという喜

び、この道を歩ませていただいているという誇りなど、私自身のこの道に対する態度、姿勢、心意気、覚悟、自覚はどうか――と自らを問うとき、まだまだ不徹底で届かぬことを痛感せざるを得ない。

私自身は、この絶対の信頼の強弱深浅によって、自らの信仰を問う目安にしているが、別の言い方をすれば、「親神様、教祖、ぢばを誠にして通る」という信仰の本筋に、常に立ちかえることを怠《おこた》ってはならぬということだ。そして、それを具体的に、身近なところから行うために、いま何をするのかと考えるとき、まず『諭達第二号』ご発布の趣旨にお応《こた》えしたいと思う。

さて、諭達の冒頭に「全教が仕切って成人の心を定め、実動するよすがとしたい」とある。「全教」とはもちろん、お道全体ということである。「仕切って成人の心を定め」とは、教会や布教所単位で心定めをするだけでなく、三年千日と年限を切り、一人ひとりが成人の心を定め実動する手立てとして、この諭達が発布されているという趣旨をしっかりと踏まえ、まず「私はかく心を定める」と、よふぼく一人ひとりが

〝わが事〟とすることだと思う。

私自身はもちろんのこと、教会に所属する全よふぼく・信者にも心定めの用紙を渡し、提出してもらうことにした。

心定めは、親神様、教祖と約束することであり、自らの心の方向と目標を見定めて努力するという、信仰上の大切な誓いである。号令や諸々《もろもろ》の規制強化による行動よりも、一人ひとりの積極的な自覚に基づく実践と成人の歩みこそ、待たれているのだ。「全教が仕切って……」には、よふぼくの自立を強く促される意味が込められていると思う。

ともあれ、諭達を私自身に与えられたものとして、わが事と受けとめるから性根《しょうね》（魂）が入るのであり、本気になれるのではなかろうか。本気になれば自分自身が変わるのだ。「誠にして通る」第一歩である。

南東の夜空に光る火星の話から、諭達の趣旨にお応えする話になった。すべてを「信仰者である私にとっては……」と考える私の癖《くせ》が、また出てしまったようだ。

わが事にとらわれず〝ほんもの〟の道へ

　なんとも説明はつかぬが、わが子に病まれることは、また格別のつらさや苦しさがあるものだ。

　かつて、わが子が大きな身上を頂いたことがあった。生死の境をさまよう姿を眼前にして、なんとしてもたすけていただきたい一念から、親として何ができるか、何をさせていただいたらよいかと、それこそ身を切られるような思いで真剣に悩み、思召《おぼしめし》を求めて苦悶《くもん》した。そんな渦中《かちゅう》にありながら、というよりは、そのような苦しい日々であったからこそ、教祖ひながたの中から、実に心開かれるご教示を頂けたことが、いまも鮮やかに蘇《よみがえ》ってくる。

教祖のご長男である秀司《しゅうじ》様は六十一歳、末女こかん様は三十八歳で出直されている。おふでさきの中でも、教祖は噛《か》んで含めるように思召を伝え、たすけようとされるが、ついにはお二人の命を迎え取りになられるのである。教祖と共に苦労され、将来を嘱望《しょくぼう》されていた、かけがえのないお二人の命を迎え取ってまでも、教祖はこの道にとって最も大切なものは何か、ということを厳しく教えられたのである。

それは、親神様（教祖）の思召を、いかなる状況や事情があっても立てきって通るということ、神一条の道に絶対の信頼を置くということ、教祖ひながたよりほかにたすけの道はないということ——いわば、この道の信仰の核ともいうべき事々を、凛乎《りんこ》たる態度をもってお示しになられたのだと私は思う。そして、当時の人々だけでなく、今日の私たちのため、道の将来のために、教祖は身をもって教えられたのであろう。

私は、瀕死《ひんし》のわが子の姿を見て苦悩している自分自身のことを省み、教祖の思召が計り知れぬほどに深く大きいことを、そしてまた、凛然と明確に教えていただいていることに言い知れぬ感動を覚え、心が開かれたように思った。それにつけても、ただ、たすけていただきたいと、わが事のみにとらわれている自分の心の軽さ小ささを思い知り、深くお詫《わ》びさせていただいた。

不思議にも、その後、娘は一命を取り留め、現在は届かぬながらも思召に沿うべく、一教会長夫人として、また四児の母として、お使いいただいている。文字通り、生まれ変わらせていただくことができたように思う。

私が思うには、いかなる時代や社会状況にあっても、この道の本筋を大胆に、勇敢に、旗幟《きし》鮮明に歩ませていただき、〝をやの心〟を人々に伝え広めてこそ、教祖の思召に適《かな》うのである。そして、思召に適う努力を傾注してこそ、教祖は、たとえば布教やたすけについても、いかなる守護も与えてくださるのではないか。存命の教祖におはたらきいただくことを、第一に考えていきたいと思う。

ともすれば、おやさしい教祖に甘えてばかりいた自分、わが事にとらわれている自分に、ようやく気がついたというべきか。

さて、凛乎とした教祖のひながたという観点から、おふでさきを拝読するとき、私は新たな緊張を覚えるのである。

　にち〳〵にからとにほんをわけるみち
　神のせきこみこれが一ぢよ　（四　58）

「から」と「にほん」の意味については、『復元』第二二号所載の上田嘉成《うえだよしなる》先生の論文「『おふでさき』に於《お》けるにほん・から・てんぢくに就《つ》いて」を参考に、「にほん」を「月日親神の本元」「親神の御心に適う者」と、「から」はその反対、または思召に沿わない者と理解するならば、両者は氷炭相容《い》れぬ対立概念であり、勝つか負けるかの対決関係にある。教祖は、両者をはっきり分ける道を急《せ》き込まれているのである。

それは、なぜなのか。私の悟るところ、神一条の道（教祖ひながたの道）よりほかに、たすかる道（陽気ぐらしの道）はなく、「にほん」を選ぶか「から」に流されるか、それこそ一人ひとりに二者択一を迫られ、決然と「にほんのみち」を選んで通る心を定めよ、と迫られているように思う。中途半端、妥協、無関心は「から」であるということだ。

「から」は「から」なりの人生観や世界観などによって、遮二無二《しゃにむに》この世を改造しようとする。「にほん」は神一条の道によって、陽気ぐらしの世に立て替えていくのである。

なにゝても神一ちよをしりたなら
からにまけそな事ハないぞや　（四　32）

「にほん」は「から」に負けず、いずれ思召通りの世に立て替えるのだが、そのためには、よふぼくが自ら決断し、はっきりした自覚のもとに神一条の道を通れ、と教祖はお促しくだされているのではないか。

これは〝内〟へのご教示、警告、お急き込みである。私は私の内なる「から」に負けてはならないのだ。いわば、神一条の実践と人間思案の葛藤《かっとう》に負けない決意を、あらためて固めたいと思う。教祖年祭の元一日にかえるのだ。

いつまでも親心に甘えず、わが事のみにとらわれない〝ほんもの〟の道を歩みたい。

まず自らを革め信仰の活性化へ

世界宗教といわれるキリスト教、仏教、イスラム教などには、それぞれ精緻《せいち》な教学（神学、宗学）や教団組織があり、長い歴史と伝統による独自の発展をとげてきた。だが、激動する現代で、果たして人類救済の推進力・原動力たり得るか、または無くてはならぬ存在理由と価値を持ち続けることができるかとなると、それこそ議論は百出する。

そんな状況を踏まえ、それぞれの教団で、教団活性化が問題になる場合、教学や組織の充実・強化の営みだけでは再生の活力になり得ないという厳しい現実に直面しているようで、活性化による新しい展開は、信仰そのものの再生以外にないのだと指摘する者もいる。

これも一つの意見であると思うが、こんな状況や見方を視野に入れながら、お道のことを考えてみるのも無駄《むだ》ではなかろう。

明治二十年正月二十六日、教祖は二十五年先の定命《じょうみょう》を縮め、たすけを急《せ》き込まれたが、「今までとこれから先としっかり見て居《い》よ」とのおさしづ通り、本教史上に特筆すべき伸展をお見せいただいた。教祖がおはたらきくだされたのである。

この明治二十年代の本教の伸展を、これは信者がたすけられたという意識のもとに一つに結束したからだ、と指摘しているある研究者の分析を知り、これまた一つの見方として興味を持った。当時は教学も組織もまだ十分に整わず、たとえば教団組織も神道《しんとう》系の十四階級の教導職制度であったが、そんな拙劣な組織でも、有効に活《い》かされていたようである。生き生きとした信仰が根底にあったからである。

信仰を知性によって理論的に概念化する教学も、現実社会の中で信仰を実現するための教団組織も、必要にして不可欠なものであるが、その根底に信仰の火が燃えていてこそ、本来の役割を果たし得るのではないだろうか。

　さて、お道の信仰の活性化の根本条件は何か。私の思うには、それは、教祖におはたらきいただくことであり、何はさておき、これが第一の条件だと考える。では、教祖におはたらきいただくためには、どうすればよいか、何ができるのか。

　教祖は、一日も早く世界一れつをたすけたいと急き込んでおられ、わけても現在は、教祖百二十年祭に向かう〝たすけの旬〟を迎えている。旬《とき》は満ちているのだ。なんとしても活性化の芽を見せていただくには、何をどうすればよいかなど、問題の所在を明らかにしなければならない。

「事情分かりが有るのか無いのか」（明治20・1・13）と、教祖はお姿をかくされる直前まで厳しく問いかけられた。この事情（節）の核心は何か。をやが求めているものを正しく理解し実行せよ、ということであった。現在も全く同様の状況であり、思召《おぼしめし》の真意が分かっているのかと、教祖は「節」を与え、お仕込みくだされているように思う。

これは、率直に言って、私たちの信仰そのものに問題があると言わざるを得ない。成人が遅れているのである。自らを変革しなければならないのだ。「元一日にかえり陽気ぐらしの実践」とは、教祖百年祭活動に提唱されたスローガンであった。それは立教の元一日、教祖年祭の元一日、信仰の元一日という根源に立ちかえり、いままでの信仰を再点検、再確認することであり、教祖にお喜びいただける通り方によって、陽気ぐらしを実践するということであった。

これは、いまも脈打つ、古くて新しい私たちの指針である。

私は、私の歩み方を根源に立ちかえり、成人の遅れを省み、自らを変革し、教祖に〝その心、受け取ったで〟とお喜びいただきたいと、次のようなことを思うのである。

私が努力し励んできた信仰姿勢や方向に間違いはなかったか。たすけてもらいたい、よくなりたい、ご守護を頂きたいと願ってきたが、これは自分自身にとらわれた自己中心の歩み方ではなかったか。いかに教祖に喜んでいただくか、教祖に光り輝いていただくために私は何ができるのか、という発想の転換をしたい。いつまでも幼子のようにをやに甘える通り方や考え方を、改めることを成人目標にしたい。

「孝」とは、をやに身も心も尽くし、喜んでいただきたい一念で通ることではないか。私は「孝」を尽くしたいと思う。

また、をやから与えていただいているわが命ではないか。教祖のために、わが命を燃焼させ、燃え尽きたよふぼくがいてもおかしくはないし、喜ばしいことだ。生死を度外視し、教祖の思召を立てきって通るということであろうか。これも私の成人目標にしたい。

長年信仰しながら、いつまでも自己中心の同じ地平の成人目標に明け暮れしていたために、教祖は厳しいお仕込みをしてくだされているのだ。〝たすけの旬〟だからこそと思う。

信仰の活性化は、まず、自らを革《あらた》めることなのだ。

〝さんざい心〟定め信仰に点火を

〝元気の源〟について述べてみたい。薬やドリンクの話ではない。信仰者の元気・活力、信仰の活性化の源泉についてである。

自由《じゅうよう》の理を許されている人の心の働きは、まことに名状しがたく、己の欲求を遂げんがために親を殺傷する子もあれば、その対極に、たすけのためにわが命を投げ出す者もある。人の心の誠真実には底知れぬ深さと強さがあり、私たちはそれを先人の足跡に見いだし、感動のあまり見倣《みなら》いたいという意欲が湧《わ》いてくる。

教祖のひながたを学ぶ私たちは、この心の自由を存分に発揮し、をやにどのような真実を尽くさせていただけるか、親心にどうお応《こた》えするかというのが、大変大事な課題であると教えていただいている。そして、この課題を疎《おろそ》かにするとき、信仰者の元気・活力は間違いなく衰退していく。

『諭達第二号』に「この果てしない親心にお応えする道は、人をたすける心の涵養《かんよう》と実践を措《お》いて無い」とご明示くだされているが、果てしない親心が分かれば分かるほど、これにお応えしたい、誠真実を尽くしたいという心が湧いてくるのも、人間の心の頼もしさであり、喜びであろう。

「この果てしない親心」をいかに体得し、魂に刻み込んでいくかが、たすけ心の涵養の重要な鍵《かぎ》となるのだが、その徹底化が、元気・活気の泉ともなるわけだ。

さて、私自身がいささかなりとも、この泉を掘り当て、こんこんと湧き出る元気、エネルギーを与えていただいている喜びの一端について述べてみたい。

私は十八歳でおさづけの理を拝戴《はいたい》した。そのときは感激したものの、歳月の経過とともに私の心の未熟さから、感激も次第に薄らいでいくのが我《われ》ながら情けなかった。

教祖百年祭のお打ち出しと同時に、私は異郷の地（このときは台湾）で布教する心を定めた。ところが台湾には知人もなく、言葉も分からず、頼れるものはおさづけのみという、裸同然の状態であったがために、出発に先立ち、その理について、あらためて教祖の思召《おぼしめし》を求め学ばせていただいた。

明治二十年正月二十六日、教祖は子供可愛《かわい》いそれゆえに、現身《うつしみ》をかくされるが、そのときに「さあ、これまで子供にやりたいものもあった。なれども、ようやらなんだ。又々《またまた》これから先だん〳〵に理が渡そう。よう聞いて置け」とのお言葉があり、現在も私たちは、さづけの理を戴《いただ》くことができる。教祖の深い思召と親心が、このさづけの理には、とりわけ強く込められている。

また、みかぐらうたの一下り目に、

一ッ　正月こゑのさづけは　やれめづらしい
二ニ　につこりさづけもろたら　やれたのもしや
三ニ　さんざいこゝろをさだめ

とある。これは教祖が、さづけを戴く私たちの立場に立って、その心構えと信仰姿勢を教えてくださっているのであり、その大意を、私は次のように悟らせていただいた。

「正月、事の初め。さあ、これから性根《しょうね》を据えて信仰させていただきたいと思うとき、肥のさづけ――私の戴いている『てをどりのさづけ』も理は同じ――は、世にも珍しい不思議なさづけであり、この結構なありがたいさづけを戴き、なんと頼もしいことか。それゆえに、だからこそ、しっかり『さんざいこゝろ』を定めて通れ」

と、教祖は、さづけを戴いた者への期待と励ましを与えてくだされているのだ。

さて「さんざい心」とは、どんな心か。おうたの文脈からして、この心にはきわめて深い意味が込められており、私自身の切羽詰まった気持ちもあって、もっと自らに厳しく、魂にふれる理解をしたいという切なる願いから、繰り返しお手を振り、「さんざい心」に込められた思召を求めた。

そんな中で、大正時代発行の『廣辞林《こうじりん》』（三省堂）に「さんさい――三才。天・地・人。父・子・孫の意」とあるのを見つけた。これからして「さんざい心」とは、天地人――つまり、この世がどんな時代や社会になっても、父子孫――つまり、生涯・末代変わらぬ一貫した揺るがぬ心である。すなわち、をやへの絶対の信頼と、をやを誠にして通る心を定めて通れ。そして、その心でさづけを取り次げ、と教祖は厳しくかつ凛然《りんぜん》とお教えになっておられるのだ、と悟らせていただいたとき、私の胸は躍り、さづけの理を戴いている尊さに、新たな喜びを心底から味わうことができた。

ありがたいことに、台湾布教の初日、台北《たいほく》市街の路上で訪台最初のおさづけを取り次ぐことができ、その後のマレーシアでの布教初日にも、首都クアラルンプールの日本大使館前の車中で、最初のおさづけを取り次ぎ、教祖のおはたらきをまざまざと肌身に感じさせていただいた。こんな経験を通して、言い知れぬ勇気・元気が湧いてきて、私の信仰や布教の活力の源泉になっている。

常に原典に道を求め、さづけを取り次ぎ、をやのはたらき（守護）を身に感じてこそ、信仰に灯火《ともしび》が点じられ、元気や活性化の源となるのだ、と私は確信する。

お道は世界たすけへ〝布教する集団〟

私の学生時代の仲間には、仏教やキリスト教など宗教関係者が多い。当時はもちろん、卒業後たまに会うことがあっても、話題といえば、やはり宗教や信仰が中心となり、そんな雰囲気がいまも続いていることが楽しい。そして、いろいろなことを教えられ、考えさせられる。

ある仏教学者は、こう質《ただ》してきたことがある。

「天理教さんは、入信から日が浅い人も布教していて、それを奨励しているようだ。われわれには、なんとも理解できない。自分が救われていないのに、どうして人を救うことができるのか。教理の修得も十分でないのに、どうして人に教理を説くのか。

その点、君はどうなのか?」

また、私が結婚直後、妻と共に東京へ出て布教しているときには「君、新婚の奥さんも布教するのか?」と、本当に驚いていたようだ。

昨年暮れ、その彼と出会い、双方の近況を語り合ったときに、「家族を含め三十人近い人々と一緒に教会生活をしているとは驚きだ。息子さんと教会長を交代し、君は悠々自適《ゆうゆうじてき》の暮らしをしているのではないのか。いまも変わらず布教しているのか」と不思議そうに語るのであった。

お道の信仰者にとっては、これら至極当たり前のことに、殊《こと》のほか関心を示し、合点《がてん》のいかぬ顔をされると、いつも私のほうが戸惑《とまど》ってしまうのである。

その一方で、こんなささやかな話題ながら、彼を納得させようと説明しつつも、布教とは何か、なぜ布教するのか、あるいは教会とは何を目標にして在《あ》るのか、といったお道の信仰について再吟味、再確認させられるのだ。

その意味では、ありがたい仲間であるが、彼に説明しながらも、私たちが教祖から、たすけについて、人間そのものについて、根本的に他と異なる独自の理念、思想、論理によって、お道ならではの世界観、人間観、社会観など、この世一切の捉《とら》え方、理解の仕方による独自の意味内容を教えていただいていることに、あらためて気づくのである。

よろつよのせかい一れつみはらせど
むねのハかりたものハないから　（一　1）
そのはづやといてきかした事ハない
なにもしらんがむりでないそや　（一　2）

おふでさき冒頭のこのおうたが、御《み》教えの独自性の核心をつく簡明直截《ちょくせつ》なお言葉として、私の胸に重く響いてくる。そして、よろづいさい（委細、一切）を解き明かしてくださっていることに、自然と喜びと感動が湧《わ》き上がってくる。この世の最も根源的、根本的な観点から解き明かされている教祖の御教え（この世人間を創造され、守護されている親神様ご自身のご発意によって創《はじ》められた神一条の道）なればこそ、この道に対する絶対の信頼、この道を信仰する誇りや自信が燃え上がってくるのである。
されば、この独自性を世界に伝え広めていくことこそが、お道の布教であり、これを外しては何をしているのか意味をなさなくなってしまう。私たちはお道の信仰者である。

『諭達第二号』では「元を教えてたすけることこそ、この道のたすけの神髄である」とお示しくだされている。

人類の未来に関《かか》わる地球規模の大きな問題から、私たちの身近な問題に至るまで、どんな事柄でも〝元を伝える〟にをいがけのきっかけとなるのであり、また、きっかけにしていきたいと思う。

ご諭達には「この果てしない親心にお応《こた》えする道は、人をたすける心の涵養《かんよう》と実践を措《お》いて無い」とご明示くだされている。私たちは、かしもの・かりものの理が心に治まるにつれ、果てしない親心が体感できるようになり、この親心にお応えしたい思いから、にをいがけをさせていただこうという心が次第に膨《ふく》らんでくる。さらに、布教実動を通して、より深く親心にふれさせていただけるのだ。

親心にお応えする報恩の行いこそ、にをいがけの本筋であり、をやに最も喜んでいただける道である。教祖の待ち望んでおられるところである。「人をたすける心の涵養と実践を措いて無い」といわれる所以《ゆえん》であると思う。

先の仲間が別れ際、こう言った。

「天理教さんは、草創期の教団の片鱗《へんりん》をとどめている」と。

これを私流に理解すれば、「お道は〝布教する集団〟として、また〝おたすけする教会〟として活《い》きているらしい」ということではないか。仏教徒である彼の、天理教に対する精いっぱいの賛辞であったに違いない。

果たしてその通りであるか。目下の教祖百二十年祭活動が、それをより一層はっきりさせるであろう。お道本来の使命が、いま世界から問われているのである。その意味でも大変大事な年祭活動なのだ、と思う。

お道は、世界たすけを目指して〝布教する集団〟なのである。

節に浮かんだ四十年前の時報記事

をやのご慈愛というものが、いかに深く偉大なものであるか。それは私の想像をはるかに超えており、しかも予測もつかぬ形で親心の一端にふれられたときには、ただただ、ありがたいという一語に尽きる思いである。

私は平成十三年（二〇〇一年）九月二十六日、長年務めさせていただいた教会長を、後継者である長男と交代した。それは、後継者も次第に成人してきたし、教会長となってさらなる成人を願ううえから、そしてまた、教会に若い息吹を頂きたいという願いもあって、私自身、若くはないが年寄りでもないと思いながら、勇退（？）させていただいたのである。

妙なもので、次の会長への期待とともに、一抹《いちまつ》の不安がないわけではなかった。年若く（当時、三十二歳）経験も乏しく、どこまでやってくれるかと、案じても仕方のないことながら、やはり気掛かりであった。

十一月十八日に会長就任奉告祭を結構につとめさせていただき、私は二十一日付でマレーシアにある飾大《しきだい》クアラルンプール布教所長となり、月末に現地へ赴《おもむ》いた。

ところが、間もなく国際電話で知らせを受けた。教会隣の幼稚園で赤痢《せきり》が発生し、園児である孫が赤痢と診断され、教会住み込み青年も感染した。会長の嫁もその疑いがあるとて、妊娠中ということで大事をとって入院した、というのである。

マレーシアでの御用を済ませ、帰国して事の詳細が分かったのだが、十二月一日に幼稚園でお正月用の餅《もち》つきが行われ、何が原因か不明のまま、園児やその家族三十数人が真性赤痢となり、テレビや新聞でも大騒ぎ。そして、教会内の者だけでなく、赤痢発生後に教会へ参拝した人たちも皆、検査を受けなければならなくなった。

さらに、教会の外から参拝に来る人たちに一切の食べ物を提供しないように、という大阪市西区の衛生局からの指示があった。

「これは命令ではありませんが、もし新たに赤痢患者が出たら、教会の責任になりますよ」と言う。赤痢の終息宣言が出るまでは、月次祭、年末の餅つき、元旦祭や青年会・婦人会の集い等で、食べ物を一切出すことができず、お茶だけという厳しい状況が続いた。

会長就任早々、さあこれからと意欲を燃やして意気込んでいた矢先のことで、大きなショックであった。「なぜ、こんな節を与えられるのか？」と苦悩する新会長の姿を眼前にして、私も心配であったが、口出しすまいと思った。そんな状態が二カ月ほど続いた。

これは前途多難の前ぶれか、会長交代が早すぎたのではと、さまざまな意見が飛び交う中で、会長は大晦日《おおみそか》に退院した嫁ともねり合っている様子であったが、思案に余って夫婦で私のもとに来た。

「この節をどう悟らせていただいたらよいのか。何をさんげすればよいのか」

こう尋ねられて、私には一瞬ひらめくものがあった。

四十年も前に読んだ『天理時報』の一記事を思い出したのである。そんな古い記事など、とっくの昔に忘れ去っていたのだが、突然、心に浮かび上がってきたのである。

それは、昭和三十七年（一九六二年）十二月九日号の時報四面に掲載された（今回あらためて確認した）、東中央《ひがしちゅうおう》大教会初代会長の柏木庫治《かしわぎくらじ》先生が、七十四歳で本部の布教部長に就任されたときの談話である。

「お道の布教は、教会長の行いや心が〝伝染病〟のように次から次へとうつっていくことで広まるものだ」という内容であった。柏木先生らしい意表を突く庶民的な表現をされるものだと、その記事を見て感じた記憶が蘇《よみがえ》ってきたのである。

「会長となって早速、法定伝染病である真性赤痢の節をお与えいただいたということは、伝染病のように、しつこく、粘《ねば》り強く、性根《しょうね》を入れて布教せよ、という厳しくもありがたい励ましの節ではないか」と新会長に言うと、「あっ、そうか！」と、みるみる目を輝かした。具体的に何をするか、それは会長の自主的な判断と決意に任せた。

ありがたいことに、その日から「毎週金曜日の夜」と日を定め、教会内の十数人の人たちと大阪の繁華街の一角で路傍講演とにをいがけを始め、中断することなく今に続いている。そして、教会内の雰囲気も一段と活況を呈《てい》するようになった。

今後は親神様、教祖、ぢばを誠にして通るというお道の信仰の本筋を、しっかり踏まえて通りさえすれば、素晴らしいご守護の世界を肌身に感得させていただけるものと信ずる。

四十年前の時報の記事が浮かび上がってくるのも、をやのおはたらきである。をやなればこそ、絶妙のタイミングと厳しさとご慈愛をもって勇み心を引き出し、お育てくださるではないか。親心のこもったありがたい節であったのだ。

「この果てしない親心」にお応えしたいと、心も弾んでくる。

たすけの原点を教えられた出来事

平成に入り、「高齢化社会」から「高齢社会」になるにつれ、これに関連するさまざまな問題が続出している。そして、私たちのおたすけのうえでも、厳しい対応を迫られるようになってきた。そんな中、私は一つの貴重な経験をさせていただいた。

大阪の繁華街で洒落《しゃれ》た洋品店を営むよふぼく一家がある。その女性店主は六十歳になって、やっと一人息子に店を任せられるようになり、やれやれこれで安心と思ったころから急速に認知症が進行。日常の立ち居振る舞い、食事やトイレに至るまで、すべて人手に頼らねばならなくなってしまった。

この母親が肺炎になって入院した。病院では、食べ物が肺に入る恐れがあるとて、食べ物は一切摂《と》れず、点滴だけであった。入院前は口元に食べ物を近づけると、口を開け、噛《か》んで呑《の》み込んでいたが、四十日近い入院生活で完全にそれを忘れ、ストローを口に入れても吸うことさえできなくなった。認知症はそこまで進行していた。

その後、肺炎は良くなったが、医者は、引き続き入院して点滴をするべきだと強く主張した。

息子にすれば、飲み食いだけが母親の唯一の楽しみであり、せめてもの慰めだと思っていた。そして、いつまでも点滴で命をつなぐのは可哀相《かわいそう》だと思うと耐えきれず、医者と激しく口論した末、なんとか飲み食いだけでもご守護いただきたいと、必死の思いで母親をわが家に連れ帰った。

息子さん夫婦は、近くの病院に点滴を依頼する一方、日に何回となく御神水で母親の口を濡《ぬ》らし、ストローをくわえさせ、神名を唱えつつ真剣にお願いしていた。

ある日の夕方、息子さんが声を弾ませながら、母親が自力でストローから御神水を飲んだと、教会に電話をかけてきた。

息子さん夫婦は店の仕事に、母親の世話にと片時の休みもなく働いていたが、ついに奥さんが疲れ果て、医者の診察を受けた。

ところが、医者が「奥さん、疲労もさることながら、あなた妊娠していますよ。四カ月目に入っています」と言ったのである。

結婚して十七年。四十歳近くなっての初めての妊娠であった。いままでその兆しすらなく、子は授からないものと諦《あきら》めていただけに、奥さんは天にも昇る嬉《うれ》しさだった。息子さんは電話で「二代会長さん（私の母）の祖霊《みたま》様にも、ぜひご報告いただき、お礼申してください」と声を詰まらせていた。

二代会長の、この夫婦への丹精のほどが偲《しの》ばれた。そして「夫婦そろっての親孝行に、神様はご褒美《ほうび》を下されたんだね」と、私も共に喜びを分かち合った。

出産の当日、病院からの女児出産の知らせを私の娘（泊まり込みでひのきしんさせていただいていた）が聞き、ベッドの母親に大声で伝えた瞬間、認知症特有の無表情で、嫁いだ娘が帰ってきても、いささかの反応も示さなかったその母親が、両目からボロボロと大粒の涙を溢《あふ》れさせた。感極まった涙であった。

「おばちゃん、分かっているのね」と、私の娘も感動のあまり泣いた。十七年ぶりの初孫に感涙した母親の心は、正常だったのだ。ただ、心の働きを表現する手段を失っているだけではないか、とも思われる。

赤ちゃんの元気な泣き声は、遅まきながら、この家にようやく春が来たことを告げるようであった。

以上は、平凡な家庭の小さな出来事かもしれない。だが、個別の特殊な経験を通して普遍の真理に至るというように、今回の出来事を通じて、その真理（天理）を教えていただいたのだ。それは、親孝行について、また認知症の高齢者の存在の意味について、さらには人の命について、あらためて常識や通説を見直す契機をお与えいただき、親神様のご守護の偉大さの一端を窺《うかが》う思いである。

この夫婦にとっては、世間でいう〝重荷〟そのものの母親に尽くすことによって、大きく運命の転換をしていただいたのだ。認知症の母親は、大きく貴重な存在だったのである。

認知症の高齢者を抱える人が、すべてこうあらねばならぬと言うつもりはないが、やはり原点は十分に押さえておきたいと思う。すなわち、お道でいわれる〝親への孝行は月日への孝行〟であり、生かされていることには人間思案を超えた親神様の深い思召《おぼしめし》がある、ということだ。この原点に立って、それぞれ具体的なケースに対処していきたいと思う。

私たちは、わが身の都合や便宜《べんぎ》をつい優先させ、大切なものを失ってはならないだろう。人間の生の営みの根底には、親神様の果てしない親心、思召、ご守護があって成り立っているのだという「元」を、世界の人々に宣《の》べ、それを心に治めて実践してもらうことが、この道のたすけの原点なのだ。高齢社会に関連するたすけも、もちろん同様である。

「元を教えてたすけることこそ、この道のたすけの神髄である」と『諭達第二号』にお示しいただく通りである。

〝思召に生きる喜び〟に力湧く

お道の信仰者なら誰《だれ》しもそうだと思うが、自分自身に対するをやの思召《おぼしめし》を正確に具体的に知り、それに沿って通りたいと願わぬ者はない。

その思召を、原典や体験（身上、事情、布教実動など）によって教えていただくこともあれば、心定め（をやとの約束）の実行を通して如実《にょじつ》にお示しいただくこともある。道を求め、思召を察知する心が強ければ強いほど、鮮やかにお知らせくださる、と私は信じる。

平成十二年（二〇〇〇年）五月二日、飾東《しきとう》大教会の創立百十周年記念祭が執り行われた。その三年前、お打ち出しを受けた私は、この旬を新規開拓の好機と捉《とら》え、新しい布教の地をお与えいただきたいと思った。そして「国内・海外を問わず、どこでも結構です。私は未知の土地で布教させていただく心を定めます。布教地をご指示ください」と、教祖にお願いさせていただいた。

一見、無謀とも思えるようなことを毎日お願いしているさなか、大阪近郊の私鉄の駅前で何年もチラシの手配りをしている婦人よふぼくが、初席を運んだ一人の男性を伴って、教会へ参拝に来てくださった。

その男性は台湾出身で、日本に帰化した人であった。私が台湾で布教していることを知ると、最南端の屏東《へいとう》市に住む姉が、身上で入退院を繰り返しているので、ぜひおたすけしてやってほしいと言った。

私が台湾布教を始めて十数年経《た》つが、屏東市を訪ねたことは一度もなく、全く未知の土地であった。教祖が、この男性を通して布教地をご指示くだされたと直感した私は、屏東市へ行くことをその男性に約束し、日ならずして彼の姉を訪ねた。

ところが、彼にメモしてもらった姉の住居をいくら探しても見つからず、また電話をしても不在であった（後日、彼のメモの書き間違いと分かったのだが）。

初めて訪問した地で、お目当ての人とも会えず途方に暮れたが、教祖からご指示いただいた布教地であると確信し、この思召を立てきって通らせていただく決意を固めた。そして三日間、この地に滞在して布教させていただき、三人の男性と知り合うことができた（にをいが掛かったとは、いまだ言えないが）。

その後、何回か屏東市へ行き、また手紙や電話で接触を重ねるうちに、次第に手ごたえを得るようになった。そして、いよいよ半年後に迫った創立百十周年記念祭を機に、ぜひおぢばへ帰るように話すと、その中の一人が、ようやく承諾してくれた。

その人のおぢば帰りに際しては、三年前に設立された台湾の飾大豊原《しきだいとよはら》教会の団参と合流するよう手配し、以後の連絡は現地教会に一任した。

さて、ふたを開けてみて驚いた。台湾からの帰参者は総勢四十二人で、そのうち屏東市から十六人がおぢばに帰ってくださったのである。

記念祭に参拝した一行が帰国する前夜、屏東市から来た一人が突然こう言いだした。

「私たちの町には天理の神様をお祀《まつ》りしている所がないので、ぜひ神様を祀っていただきたい」

「それは結構なことだが、お祀りする場所は？」と聞くと、「いい所があります」と言う。

それでは次回、私が屏東市へ行き、その場所が適当かどうかを判断して決めたいと答えた。

そして二カ月後、屏東市で神実《かんざね》様をお祀りさせていただいたのである。

その後も曲折はあったものの、「屏東市で布教せよ」との教祖の思召を継続実行させていただいている。現在は「天理教飾大屏東出張所」の看板を掲げ、教祖百二十年祭活動の一つとして、関係者の心の成人と出張所の充実を目指して努めさせていただいている。種は蒔《ま》かれた、と私は確信している。

思うに、教祖からご指示いただいた布教地であるがゆえに、断固としてこの思召を立てきって通らせていただこうという元気が湧《わ》いてくるし、さまざまな曲折や節にも屈せず、乗りきるエネルギーが生まれてくる。〝思召に生きる喜び〟とでも言うのであろうか。

教祖のひながたを学ぶとき、一貫して「親神の思召のまに〳〵」（『稿本天理教教祖伝』23・32・69・103・112・149ページ）と、親神様の思召を立てきって通られる教祖の壮絶なお姿に圧倒される。をやの思召を立てきって通るということは、ひながたの神髄の重要な柱、大事な骨格であり、これをまねぶ努力を通して、「私は教祖のひながたを歩んでいるのだ」という胸の高鳴りを覚えるのだ。

さらに、教祖ひながたこそお道の生命であり、いわば「普遍なるもの」「永遠に変わらぬもの、変えてはならぬもの」に私は直接つながっているのだと確信できたとき、自らの内に大いなるエネルギーが湧いてくる。そればかりか、たとえ厳しく難しい節の渦中《かちゅう》にあっても、自らの使命感とともに大きな視野――大局を見誤らぬ知性と感覚をも身につけることができると思っている。

〝覚悟〟を決めて通るよふぼくに

こうしなければならない、と頭では分かっていながら、それができない、行動が伴わないという苦い経験を、過去、私は幾度も繰り返してきた。

論理的に考えれば、自分にとっての正しい選択肢《し》は明白であるにもかかわらず、必要な決断や行動を、さまざまな理由をつけて避けたり、先延ばしにするといった傾向は、明らかに〝自己分裂〟であり、情緒の気分にのみ浸っているからだと言われても致し方ない。

行動への意志を蘇《よみがえ》らせるには、どうすればよいか。私のささやかな経験を踏まえつつ、自分に対するをやの思召《おぼしめし》を知り、その実行を通して、私自身が「普遍なるもの」

「永遠なるもの」である教祖のひながたに直接つながった生き方、通り方をしているのだと確信できたとき、行動の大いなるエネルギーが湧《わ》いてくることは、すでに述べた。そして、その確信により、大局を見誤らぬ知性や感覚をも身につけることができ、自己分裂が解消されたことにもふれた。

をやの思召を、わが身に具体的に教えていただくことについては、前に述べた通りであるが、さらに、旬の理に込められたをやの思いや、お急《せ》き込みくださる思召については、時に応じてお話しくださる真柱様のお言葉によって、私たちは明確に教えていただける。

立教一六七年（平成十六年）の本部春季大祭で真柱様は、教祖年祭の元一日である明治二十年陰暦正月二十六日の節について、次のように述べられた。

「教祖の仰せ通りにおつとめを勤めるには、何よりも自分の思案や都合を捨て、神一条の心を定めて、親神様にもたれきって勤める覚悟をしなければならなかったのであります。（中略）つとめの実行に凝縮されたをやの思いを汲《く》み取り、わが心とすること

は、当時のおそばの人たちだけに求められたものではなく、今日の私たちへのお仕込みでもあります」（傍点は筆者）

おつとめの大切さは言うまでもないが、「つとめの実行に凝縮されたをやの思い」とは何であるのか。それは、をやの思召を立てきって通る〝覚悟〟を決めよ、ということだと思う。それが「今日の私たちへのお仕込み」であり、ただいまの旬でいえば「人をたすける心の涵養《かんよう》と実践」ではないか。それを、覚悟を決めて実行せよ、と仰せになっているのである。

をやの思召を立てきって通ることは、教祖ひながたの重要な骨格である。それをまねび実践する努力の中から、人類救済（陽気ぐらしの実現）に直接つながる普遍にして永遠なる道を歩んでいるのだという意識が生まれ、大いなる希望と勇気が湧いてくる。行動へと駆り立てられるのだ。

さて、一人の人間にしろ、教会や集団にしろ、その道すがらには、さまざまな節や曲折がある。そのとき、たとえば道に迷った登山家が、山の頂上に再度登って自分の位置を確認し、山の全容を知ったうえで次の行動をとる如《ごと》く、牛き方の原点たる教祖のひながたに立ちかえることが、節に込められた親心を知るうえで不可欠である。こうして、その場の苦しさや困難に振り回されることなく、大局を見誤らぬ戦略的思考ができるようになるのだ。事情の状況判断や、順序の理の判断といった〝知性〟が身についてくるのである。

さらには、思案の座標軸が定まっているので、時々の状況に適切に対応できる柔軟な感覚も生まれてくるのである。

現在は、明治二十年当時のような、おつとめに対する弾圧や外圧による緊迫感は日本国内ではほとんどなく、ありがたいことである。しかしながら「つとめの実行に凝縮されたをやの思い」を見失ってはならない。それは、覚悟を決めて（心を定め、性《しょう》根《ね》を入れ、身命を賭《と》して）布教することではないか。

覚悟を決めて通ると言っても、その内実にはいろいろな通り方があるものだが、このことについて、司馬遼太郎《しばりょうたろう》の『国盗《と》り物語』に次の文章があったと記憶している。

「織田信長《おだのぶなが》は阿呆《あほう》である。阿呆には余念がない」と。これは、自己目的を成し遂げるためには余念を持たない、ということである。明けても暮れても、また日常の暮らしにおいても、目的達成のためにすべてを集中させ、目的に沿わぬものはきっぱりと勇気をもって排除する。また、益すると思ったことは積極的に執拗《しつよう》に貪欲《どんよく》に取り入れるという生き方であり、これを「余念がない」と表現している。

私は「阿呆は神の望み」とか「一筋心」というお言葉を想起しながら、この本を読んだ。これもまた、覚悟を決めた生き方であろう。

私は教祖のひながたを歩んでいるのだ、という意識と確信のもと、余念を持たず、ひたすら布教に集中したいものである。覚悟の定まったよふぼくが一人でも多く出てくるのを、教祖はいま、待ち望んでおられるのではないか。その気になれば、私にもできる。私は、そんなよふぼくになりたい。そして、をやにお応《こた》えしたいと思う。

生涯かけてをやに「孝」を尽くす

私が教会長を拝命して最初に迎えた教祖年祭は、八十年祭であった。これに先立ち、二代真柱様がご発布くださった『諭達第二号』（昭和三十六年四月二十六日）の中で、

「思うに、『神がこの屋敷へ天下《あまくだ》つて七十五年たてば、日本あら〳〵すます。それから先は、世界隅から隅まで天理王命《てんりおうのみこと》の名を流す』とのお言葉は、『はじめた理とをさまりた理と、理は一つである』とのおさしづと思い合わせ、子供の成人をおうながしくだされる、一つのふしをお示しになつたものとさとる時、子供の成人をおもい現身《おんみ》をおかくしになつた、明治二十年から数えて七十五年目に相当する今年、昭和三十六年は、世界の事情によつて已《や》むなく一時歩みをゆるめていた海外への伝道を、再び活溌《かっぱつ》

におし進めて、一れつのたすけを急込《せきこ》み給《たま》う思召《おぼしめし》に応《こた》えるべき仕切りの時旬である」と仰せいただいた。

このお言葉に接したときの感動は、いまも忘れることができない。教祖の壮大な世界たすけに対する具体的なご展望。それを受けての真柱様の断固たるご決意に、新人教会長として身の引き締まる思いであった。

それから四十年。をやのこの切なる思召に対し、「私はこうして通らせていただきました」と胸を張ってお答えできない不甲斐《ふがい》なさに、深くお詫《わ》びを申し上げねばならない。

私自身の努力不足や未熟さを、さらに深く反省するとき、およそ二つの方向で思い当たるのである。

一つは、集中力の不足というか、布教活動に「身を粉《こ》にして」「寸暇を惜しんで」ということが少なかったということである。その裏づけとなる私の信仰上、精神上の弱さゆえに、ということだ。

いま一つは、相も変わらず同じ信仰の地平で、もたついていたということである。自分中心、わが身思案にとらわれがちな信仰から脱皮して飛躍できないということである。心の成人に対する私の自覚の薄さ、低さゆえに、ということだ。これは信仰にとって大きな比重を占める問題であるので、さらに別の角度からも反省したい。

『天理教教典』第三章によると、「この世の元初《もとはじま》りは、どろ海であった。月日親神は、この混沌《こんとん》たる様《さま》を味気なく思召《おぼしめ》し、人間を造り、その陽気ぐらしをするのを見て、ともに楽しもうと思いつかれた」とある。

月日にハみな一れつハわが子なり
かハいゝばいをもていれとも　（八　60）

親子が共に楽しみたい、というのが、をやの悲願大願である。私にとっては真実のをやであり、私はその真実の子であることを、百も承知しているつもりである。ところが、このをやを、私自身はどのように敬慕してきたのか。ここに大きな問題があるように思われる。

をやに甘え、こうしてもらいたい、ご守護いただきたいと、わが事を中心に考え、ねだり、せがんできたのではなかったか。これは幼子が、親にすがり求めてばかりいるのと変わりない姿ではないか。幼子も年限とともに成人し、やがて親に尽くすようになってこそ、親は心から喜んで「親孝行な子や」と称揚《しょうよう》し、勇んでくださるのではないか。〝親晴れ子晴れ〟と、これでこそ真実の親子の強く太い絆《きずな》となり、親子の団《だん》欒《らん》の姿が現出するのである。「神もともに楽しみたい」と思召されるをやの悲願は、ここに成就するのではないか。

過去の私は、真実のをやに「孝」を尽くしていなかったことを深くお詫び申し上げねばならぬ。これが私のさんげの要《かなめ》である。そして私は、至純の心でをやに「孝」を尽くすよう、私自身を立て替えねばならぬ。なんとしても立て替えたいと思う。

　このよふのしんぢつのをや月日なり
なにかよろづのしゆこするぞや　（六　102）

「なにかよろづのしゆこする」との思召の内には「日本あら〳〵すます」「世界隅か

ら隅まで天理王命の名を流す」ことも当然含まれており、子である私からすれば、このをやを誠にして通ること、すなわち「孝」を尽くすことにつきるのではないか。「孝」の形態は、それこそ千種万様だが、をやの思召を立てきって通ることが、不可欠な柱であることは言うまでもない。そして、ただいまの時旬の理からして、「人をたすける心の涵養《かんよう》と実践」を通して「孝」を尽くすことが最重要課題である、と私は確信している。

母親のおっぱいを求めてすがりつく乳児も、おっぱいが与えられない（ご守護がないと思う）時期を経て、早く離乳食、普通食へと変わらねばならない。

成果や功績にとらわれるのが人の常ではあるが、をやを称《たた》え、光り輝かせ、勇んでいただきたいと、至純の心で尽くすのが「孝」であろう。

ご守護がないのではない。をやは立て替えを急《せ》き込んでおられるのである。自らを立て替えてこそ、「神もともに楽しみたい」とのをやの悲願に応えられるのだ。生涯かけて、私は「孝」を尽くすつもりである。

〝神もともに楽しまれる信仰〟を志したい

「神もともに楽しみたい」とは、親神様が人間を創造されるご発意の根本にある大願であり、悲願である。

そして、「月日よりたん〳〵心つくしきり　そのゆへなるのにんけんである」（六　88）とのお言葉通り、元初《もとはじ》まりの昔より今日に至るまで、親神様は私たち人間を生み育て、丹精してこられたのである。

もちろん私自身も、その一人であることは言うまでもない。それこそ、言葉には尽くせないをやの慈愛を一身に受けて、いま、ここに私が在《あ》る。

では、自由《じゅうよう》の理を許されている私の心は、このをやの大願成就のために、何ほどのことをさせていただいてきたのであろうか。

私は、をやの深い思召《おぼしめし》により、早くからこの道にお引き寄せいただき、歩んできた。とはいえ、このをやの大願を聞き流し、わが心の内を素通りさせてきたばかりでなく、わが事を中心に、わが身たすかりたい、よくなりたい、ご守護いただきたい、そのために何をすればよいか、といった発想で終始、思案し行動してきたのではなかったか。わが身のためにをやを利用してきたといわれても、弁解の余地はない。

人間関係においても、真心や底なしの親切を頂いたり、無償の愛情に包まれていると感じたりしたときなど、よほどの冷血漢でない限り、感動のあまり心の震えを覚えるとともに、どうしてこれに応《こた》えさせていただこうかと思うものだ。

さらに「救《たす》ける理が救かる」（おかきさげ）と教えられるように、わが身わが事を打ち捨てて相手に真実を尽くすという、これこそがお道の信仰の根本的な行動原理であり生き方であるにもかかわらず、わが事に関しては別、ということであれば、どうなるのか。私は常々そのように説き、おたすけさせていただいてきたのである。これほどの矛盾があるだろうか。

そんな私でさえ、をやは私自身のことについても、私の関《かか》わるおたすけについても、大いにおはたらきくだされ、ご守護くだされてきたのであった。ありがたく、申し訳なく、ただ身の縮む思いである。

これまでにもふれてきたように、私や娘に見せられた厳しい身上の渦中《かちゅう》で、教祖のひながたによって、この「救ける理が救かる」という天理を、手に取るように教えていただいた。をやに真実を尽くすことが、信仰する者の真の喜びであることを学ばせていただいた。

さて、親神様が人間を創造され、育《はぐく》み丹精されるにつれ、「どろ海の中に高低《たかひく》が出来かけ、一尺八寸に成人した時、海山も天地も日月《じつげつ》も、漸《ようや》く区別出来るように、かたまりかけてきた」（『天理教教典』第三章「元の理」）とあることからして、この世のもの一切は、人間を中心として成り立たせておられることが分かる。それも「神もともに楽しみたい」との大願成就のためである。

ならば、子である私が、冷血漢や薄情者でない限り、「心つくしきり」人間を育み丹精されるをやに、心を尽くし身を尽くし、このをやの思いに至純の精神で応えていく。すなわち、孝を尽くすことによって、「神もともに楽しみたい」との大願に、いささかなりとも寄与させていただけるのではないか。心の向かう方向、目標を誤ってはならないのだ。

私は〝神もともに楽しまれる信仰〟を目指し、わが心を立て替えたいと思う。それは私の信仰の再生でもある。

そして、その信仰の骨格となるものは何か。それは真実のをやへの絶対の信頼、をやの思召を立てきって通る覚悟と信念、成ってくる理（をやから与えられ、見せられる一切のもの）を喜ぶたんのう、思召実現のために自ら進んで行動する進取と自主の精神、すなわち、いまの旬の声である「人をたすける心の涵養《かんよう》と実践」にほかならないと、私は思う。

先日、私は三十人目の孫を授かった（うち一人は夭折《ようせつ》）。私は、私の誕生前に姉と兄を亡くし、一人っ子で育ったので、まことにありがたい次第であるが、子（一男五女）や孫たちが、こぞって〝ほんものの信仰者〟に成人させていただいてこそ、心底から嬉《うれ》しい楽しいと思えるであろう。それは、親の期待と悲願に応えてくれるからである。ともに楽しめるからである。

心を尽くして生み育て、丹精されてきた人間は、私を含め、現在、世界で六十五億ともいわれる。をやの真実の子である人間が、陽気ぐらしをするのを見て、月日・親神様がともに楽しまれる日が、いつ来るのか。

〝神もともに楽しまれる信仰〟に励む者が、いま、ここに、たとえ少数でも在る限り、そこには大きな力、深い意味が内包され、明るい未来が開かれるはずだと、私は密《ひそ》かに、確信をもって、そう思うのである。数や量を志向したとしても、結局は、少数の〝ほんもの〟が、一波が万波を奮い立たせるような原動力となるに違いない。

至純の精神でをやに孝を尽くすという〝神もともに楽しまれる信仰〟を、私はあくまでも志したい。

徒手空拳で懐に飛び込む意気

平成十六年（二〇〇四年）七月十八日、台湾豊原《とよはら》市にある飾大豊原《しきだいとよはら》教会の移転建築落成奉告祭を、前夜の鎮座祭に続いて勤めさせていただいた。

この教会は平成九年一月二十六日、六階建てビルの五、六階において、現地の婦人を会長として新設教会のお許しを頂いた。そして、思わずも早く念願かない、教会としての境内地と建物（鉄筋コンクリート造り瓦葺《かわらぶき》二階建て神殿および教職舎）が整い、移転させていただくことができた。

十四年前、豊原市での布教所開設の場所がなかなか決まらなかったときに、現地のよふぼくの真実により、建築中のビルの五、六階を無償で提供してくださり、今日まで使わせていただいた。近年、そのビルの一階に郵便局ができ、防犯の関係で、参拝者の夜間の出入りやエレベーターの使用に不便を感じるようになった。これは教会にとっての一つの節であったが、これも成ってきた理であり、をやの思召《おぼしめし》はどこにあるのかと思い、不足することはなかった。

　そんなとき、土地（約一千平方メートル）を寄付してくださるよふぼくが現れ、教会の移転建築の話が持ち上がった。平成十五年八月二十六日にお許しを頂き、九月から普請に掛かった。

「真実の心を受け取るためのふしぎふしん」（明治23・6・15）とおさしづにあるように、この教会の普請を通して、思いもかけぬをやの思召を教えていただき、真実を伏せ込むよふぼくもお育ていただき、その真実に打たれて、いくたび目頭を熱くしたことか。国や民族を超えて、人の心のありがたさや頼もしさ、また不甲斐《ふがい》なさといったことも経験させていただいたが、それよりも私が最も感動したことは、をやの思召を立てきって通ることで限りない親心を頂き、想像だにしなかったをやのおはたらきをお見せいただいたということである。

たとえば、一つはこうである。奉告祭を間近にして、その教会長の長男（よふぼく）が大きな身上を頂いた。これにより、教会長後継者としての自覚と決意がしっかりと定まったのである。

ただひたすらに、をやの思召を立てきって通ることにより、こんなにも素晴らしいをやのおはたらきが現れるということを、まさに肌で感じさせていただいたのである。

私は、教祖百年祭の打ち出しと同時に、異郷の地でもおさづけを取り次がせていただきたいと、昭和五十六年（一九八一年）四月に台湾へ行ったことは前にもふれた。知人も信者もなく、言葉（中国語、閩南《みんなん》語）も分からず、ただ〝さんざい心〟――どんな社会状況になっても生涯変わらぬ不動の精神――と、さづけの埋に込められたをやの心を堅持することを念じつつ、一人歩かせていただいた。

台湾で布教を始めて半年ほどしたころ、大阪・都島《みやこじま》区の戸別訪問先で、ある男性ににをいが掛かり、その人の手引きで、私は初めて豊原市を訪ねた。また、台湾での布教中に、図らずもマレーシアへ道が伝わり、さらに台湾のよふぼくのつてで、中国においても種を蒔《ま》かせていただくようになった（中国へは別ルートからも布教拠点をお与えいただいている）。

国内での布教がそれらの地域にも広まるという、国内と海外の布教の連動性をいくつも経験しているが、これまた、をやの思召であろう。思いもよらぬ布教伝播《でんぱ》である。

先ごろ『戦前・戦中の中国伝道——天理教の活動と上海《シャンハイ》伝道庁』（天理大学おやさと研究所・二〇〇三年）を読み、二代真柱様の次のお言葉に出合って、わが意を得たように思った。

「徒手空拳《としゅくうけん》、中国民衆の懐に飛び込んで心身ともに助けるということが、教祖以来の伝統であり宗教家の意気である」（澤田定興《さわださだおき》「大和《たいわ》医院の概要」）

私の場合は、布教の補助手段といったものは皆目持たず、全くの徒手空拳、医療や日本語学校経営はもちろん、資力、財力の後押しもない裸一貫の布教であり、素手で相手の懐に飛び込むようなものであった。

このたびの奉告祭を結構につとめさせていただき、私はあらためて「教祖以来の伝統であり宗教家の意気」という意味を噛《か》みしめさせていただいた（誤解のないように付記するが、布教の補助的手段が不必要だと言っているのではない。何はともあれ、なんとしても布教させていただくのだという精神、気概、覚悟が、布教する者の根底に据えられているかどうか、それが最重要の鍵《かぎ》だということである）。

をやの思召と、その奥に込められている親心を、わが肌に感受できることが、こんなにも感激に胸震え、心の躍動を覚えることであろうとは。なんとありがたいことであろうか。人生最高の喜びである。

私は、わが事を中心に思案し行動する心の向きを革《あらた》め、「神もともに楽しまれる信仰」を志すことで、をやの大願にいささかなりともお役に立ちたいと切に願う。そして、その思いで行動するとき、偉大なをやのおはたらきを体得させていただけるのだと、このたびもまた、予測もできなかった素晴らしいご守護の姿をお見せいただき、私は確信した次第である。

をやと子の絆こそ布教活性化の力

ある日突然、三人の子供を捨てて、母親が蒸発してしまった一家があった。これは家庭の崩壊どころか、その日から〝この世の地獄〟と化していったのである。

まず、中学一年生の長男が、それまで学校や近所で良い子と思われていたのが急転直下、ワルの急先鋒《きゅうせんぽう》となり、家の内でも外でも荒れに荒れた。

私がその長男と最初に会ったのは、彼が十八歳のときであった。当時、すでに数度にわたる自殺未遂歴があり、麻薬（ヘロインなど）の常習犯でもあり、薬物を手に入れるため借金に借金を重ね、父親は持ち家を手放し、親戚《しんせき》・知人からも縁を断たれていた。父親は苦しみのあまり、長男を殺して自分も死のうと、出刃包丁を手に幾度も息子の枕元《まくらもと》に立ったという。それこそ悲鳴を上げ、たすけを絶叫しているさなかに、にをいが掛かったのである。

この家族のおたすけは、社会的にもさまざまな分野と関連する、複合的で波乱に満ちたものであった。

あれから三十年が経《た》ち、その長男は、妻と三人の幼子と共に単独布教を志し、教会から巣立っていった。そして、辛酸《しんさん》をなめながらも通りきって、現在、教会長として日夜おたすけの道に励んでいる。

先年、父親が出直されたときには、その教会で葬儀を営ませていただいたが、父親は出直す間際まで「ありがたいことや。息子が教会長にならせていただくなんて全く夢のようだ」と、何度も私の手を握り、涙を流されたことが忘れられない。

それはともかくとして、人の心の複雑にして不可解なことは、教会長となっても、彼は母親へのうらみ骨髄《こつずい》に徹していたというか、「もし母親を見つけたら、殴《なぐ》り殺してやる」と時折、真顔でつぶやくのである。〝すべていんねんのなせる業〟と、たんのうしているつもりが、母親へのうらみが心の底深く沈殿していて、何かの折に、それが頭をもたげるようであった。

父親の出直しからしばらくして、ついに母親の所在が分かった。会いに行くか行かないか、会えばどうなるか、彼はかなり苦悩していたが、私がやかましく勧めたこともあって、彼一人で会いに行く決心がつき、入院中の母親の病室へと向かった。

四十年ぶりの対面である。周りの者は随分心配したが、母親と息子は視線を合わすなり、どちらからともなく手をしっかり握り合い、長らく無言であったという。双方とも、言いたいことが山ほどあるからこそ、言葉がなかったのであろう。

それ以後、彼は母親への悪口を一切言わなくなった。半年後に母親は出直されたが、母親へのうらみ心はすっきりと氷解していたのである。

これは、なんとも説明がつかぬ。親と子の、この限りなく強靭《きょうじん》にして妙《たえ》なる絆《きずな》、としか言いようがない。

さて、本題に入ろう。「この限りなく強靭にして妙なる絆」に結ばれる親と子の関係についてである。

果たして、この教会長の場合は特殊なものであろうか。私は、そうは思わない。たとえ親の出来が良かろうが悪かろうが、親（特に母親）というものは、子供にとって掛けがえのない、きわめて重く大きな存在であることは、想像以上である。

彼のこの話を通して、〝親がいる〟と承知することが、人間にとってまことに大きな意味を持つということ、さらに、この限りなく強靭にして妙なる絆で結ばれている親と子の関係のありがたさを、あらためて痛感するのである。

ましてや、真実のをやである親神様と、子である人間の絆を思うとき、人間の親子関係をはるかに超え、をやが子を創造したいというご発想から、紋型《もんかた》ないところより人間を生み育て、いまもわが子を抱きかかえ、丹精を尽くして成人を促されているという関係においては、絆以上の絆、包摂《ほうせつ》とでもいうか、まさに真実のをやである、としか言いようがない。この〝をやがいる〟と承知することの、人生における決定的な意味を理解したい。

さらに、前にも述べたように「をやの思召《おぼしめし》と、その奥に込められている親心を、わが肌に感受できることが、こんなにも感激に胸震え、心の躍動を覚えることであろうとは。なんとありがたいことであろうか。人生最高の喜び」（一七七ページ）であり、しかも、この真実のをやの実在とはたらきを、一人ひとりが肌で感受できる道をも教えてくださっているのだ。

『正文遺韻《せいぶんいいん》』によると、教祖は「ねがふこゝろの誠から、見えるりやく（守護、働き）が神の姿やで」と仰せられている。りやくという具体的な現実を通して、真実のをやの実在や思召を教えていただけるのだ。これこそ、まさに生きる喜び、行動のエネルギーであり、布教活性化の原動力そのものである。

さあ、元気を出し、さらに大いなる欲（理に適《かな》うよく）を出し、湧《わ》き立つ喜びを共に体得させていただこう。

選り好みせず〝この道のたすけ〟を

おたすけさせていただくのに、相手を選《え》り好みすることはない。老若男女、職業や立場、貧富などにこだわらず、ご縁を頂いた人を真剣におたすけするのは、よふぼくとして当然のことであろう。

もう二十年にもなるだろうか。私は外出先からの帰途、夜遅く大阪駅周辺や地下街を通るとき、路上生活者をよく見かけ、この人たちに言葉を掛けた。

一見、汚れた服装で悪臭を放っている者もいるので近寄りがたいが、以前は普通の生活を送っていたのかもしれない。私は、そんな彼らに、なぜこんな状態で暮らしているのか、そんなことを話しかけながら、いま一度、人生をやり直してみないかと問いかけるのだ。大抵の者は逃げていくが、なかには私と真剣に話し合う者がいる。

「本気で再出発したいと思うなら、私はあなたを手助けする。私は天理教の教会長だが、やってみないか。三日後に再び、ここで会いましょう」と約束する。ほとんどは無駄《むだ》足になるが、稀《まれ》に、約束した日時に待っている者がいる。再出発をしたいという意思を、それによって確認し、彼を教会へ連れて帰るのだ。

参拝する前に全身を洗い、下着まですっかり取り替えて神殿へ行き、拝礼の仕方から教えていく。

「また連れてきたんですか？」と家内は言いつつも、嫌《いや》な顔ひとつせず、彼に下着や衣服を用意してくれる。

ところが、一カ月どころか三日も過ぎぬうちに、姿をくらます者が出てくる。いままでに四十人近くを教会に連れてきたが、お道の信仰を身につけて再出発できた、あるいはできつつあると思える者は、十人足らずというところである。布教所長、教会住み込み、会社勤務や手伝いなど、再出発の内容はさまざまだが、とにかく、たとえ

わずかな定着率であっても、確実に信仰に目覚める者を与えていただいている。おたすけさせていただいているという実感が湧《わ》く。

私は多様なおたすけの一環として、こんなこともさせていただいてきたが、バブル崩壊後の長びく不況によって、ホームレスの急増が社会問題となっている。最近ではマスコミの話題にも上らなくなったが、実態がないのではない。全国で二万人は優に超えるという発表もある（近畿弁護士会連合会・二〇〇二年十一月二十九日）。

平成十四年（二〇〇二年）七月、国によって「ホームレスの自立の支援等に関する特別措置法」が制定された。これを人間の尊厳に関《かか》わる人権問題だとする視点により、支援するボランティア団体もあるが、一方で、ホームレスのテント強制撤去を主張する市民団体もあって、ホームレス問題は依然として未解決のままである。

ホームレス問題も、ほかの問題（たとえば少子化）と同様に、政治や経済上の対策によって〝救済〟しようというのが一般的な世上の傾向である。もちろん、それも必要だが、真の救済とは何かと考えるとき、それはきわめて表面的な対応にすぎないといえる。

私は信仰者として、おたすけの観点から、私自身とるに足らないささやかなことしかできないが、この問題に対応してきたつもりである。

すなわち「元なるをやの思いをにをいがけ」（『諭達第二号』）し、無宿という現実を厳しい節と受けとめ、この節を各自がいかに活《い》かすかということから出発する、ということだ。

本来、布教（にをいがけ・おたすけ）とは未信の人への働きかけであり、教えに基づく生き方や考え方への転換を促す活動でもあるわけで、まさに布教は社会的活動である。布教をしてこそ、社会に対する働きかけとなる。

元を知らぬからこそ「いかに文明が進歩しようとも、病む人は絶えず、悩みの種は尽きない」のであり、「元を教えてたすけることこそ、この道のたすけの神髄である」と、諭達にご明示くださる通りである。

私は〝この道のたすけ〟を実践したい。

世間から蔑視《べっし》されている者も、をやにとっては可愛《かわい》いわが子であることは言うに及ばない。どんな状況にある者に対しても、この道のたすけは変わることはない。

かつて無産階級が、革命の先鋭として歴史の表舞台に登場したことがあった。もとよりお道には、

　このさきわたにそこにてハだん〳〵と
　をふくよふきがみゑてあるぞや
　（十五　59）

というおうたもある。人は魂が揺り動かされると、無気力や無力感から脱出し、どんな人間に生まれ変わるか知れないのだ。

私は時折、そんなことも妄想《もうそう》しながら、ご縁を頂いた人には選り好みすることなく、おたすけさせていただいている。人間思案には、をやの思召《おぼしめし》やおはたらきを狭く小さく限定する傾向があるようだ。をやの思召を頂き、人や所（ひいては民族や国）を問わず、「神もともに楽しまれる信仰」の実践に励みたいものである。

年祭活動 〝仕上げの年〟【立教一六八年一月―十二月】

〝谷底〟にある人が親心にふれたとき

ホームレスに関連するおたすけについて、私のささやかな経験の一端を述べてみたい。

大阪・梅田《うめだ》の地下街で出会った男性A（当時43歳）は、山口県で大型トラックの運転手をしていたが、重大な交通事故を起こして苦しんだ末、単身、大阪へ出てきた。転々と職を替えるうちに次第に無力感に打ちひしがれ、ついにはホームレスとなった。

そんなとき私と出会った。再起を期して教会に住み込んだ彼は、四年と七カ月間、真面目《まじめ》につとめたが、突然姿を消した。

それから丸三年経《た》ったころ、埼玉県にある部内教会の会長が、車の運転中に国道4

号を歩いている彼を偶然発見し、自教会に連れていった。
「皆、心配しているぞ。早く飾大《しきだい》へ帰れよ」と言うと、「会長さん、奥さんによろしく」と言葉を残して、その日のうちに出ていった。

　二年が過ぎた。ある日、布教の家「愛知寮」の寮生（部内教会の布教師）が名古屋市内の公園で路傍講演中に、「私も天理教や」と話しかけてきた男がいた。Aだった。知らせを受けて二カ月後、Aは寮生と共に私どもの教会へ帰ってきた。五年ぶりである。

「埼玉で、また名古屋で、どれほど離れていても、神様はAを好いておられるのだ。これほどのご縁を頂いて幸せではないか。さあ、性根《しょうね》を入れて神様の御用に使ってもらえ」と、私はAに言った。

「よく分かりました。よろしくお願いします」。Aは深々と頭を下げた。

　それから四年になる。私どもの教会の大勢の住み込み人のリーダーとして、ひのきしんに布教に、先頭切って動いており、哀楽の分かる先輩として皆から慕われている。

さらにをやは、昨年（平成十六年）になってAに結核という身上を与えられた。三カ月後に退院したとき、彼の心はいよいよ定まった。をやのお心を肌身に感じ、Aは生まれ変わったと、私は本人に劣らず感動している。

B（当時41歳）は、Aと同じ地下街で最初に出会った男性である。ただし、私にはその記憶がなかったが、ありがたいことに、大阪刑務所の面談室でBと再会（？）できたのである。

当時、私は大阪府宗教教誨師《きょうかいし》として毎月、刑務所へ通っていた。私への面談を希望していた受刑者がBであった（「願選《がんせん》」といって、受刑者側の意思で面談できる）。

Bが言うには、梅田の地下街で私の話を聞いて心が動き、私と再会を約束したが実行できず（よくあるケース）、薬物に手を出し、一年十カ月の刑で大阪刑務所へ送られた。そして、刑務所内の教誨師の名簿の中に私の名前を見いだし（地下街で私からお道の小冊子を受け取り、小冊子に記された教会名や私の名前を覚えていたという）、心踊らせて願選を申し出たとのこと。不思議なご縁、お手引きである。それからは毎月、彼と面談するようになった。

刑を終えて出所する日、私は刑務所へBを迎えに行き、そのまま教会に連れ帰った。Bは修養科修了間際に、「憩《いこい》の家」で「C型肝炎の疑いあり」と診断された。厳しくも慈愛に満ちたお手入れであった。Bは道一条を決意し、二年後に布教の家「広島寮」へ。そこで布教の実績もあげ、『天理時報』の立教一五九年（平成八年）元日号に、教祖百十年祭への「私のお供え」という手記を掲載していただいたこともあった。

卒寮後も広島に腰を据え、「飾大広島出張所」の看板を掲げ、布教に専念していた。そんな中で、Bは結婚させていただきたいと言ってきた。相手も合意のうえだが、母親（父親は死別）の猛烈な反対に遭《あ》い、話は暗礁に乗り上げたままとのことであった。

罪の償いは済んだとはいえ、Bは前科のある身であり（現在、前科は消えている）、定まった収入のない単独布教師。母親は他宗の熱心な信者。これは、通常ではきわめて難しい話である。私は一年近く母親と話し合い、ようやく承諾していただいた。これまた、をやのお慈悲である。

結婚式は、私と家内が祭主・祭官兼仲人《なこうど》兼来賓代表。母親とその妹さん、出張所の信者さんにも参列していただき、狭い出張所は座る場所もないほどで、簡素ながら慶《よろこ》びあふれる結婚式であった。

その後、一男一女を授かり、Bは生まれて初めて家庭の団欒《だんらん》を味わったのである。

近年は、子供の養育を理由に、布教より仕事に重心が移るのもやむを得ないと思っていたが、をやの思召《おぼしめし》はさらに深く、昨年、Bは医者からC型肝炎と宣告された。厳しい節である。よふぼくとして、どこまで性根を定めて通るか。B一家はもとより、私にとっても、ただいま正念場なのである。

思うに、たとえ社会の〝谷底〟にあっても、をやのお心にふれ、その者の魂が揺り動かされると、必ず生まれ変わることができるし、をやはそれを切望されているのだ。そのための弾みやきっかけを与え（にをいがけ）、手助け（丹精）するのが、よふぼくの使命である。それこそ「神もともに楽しまれる」ありがたくも楽しい御用ではないか。

〝活きた真実〟を尽くすことが布教

一人の布教者として、私はどんなことをするのも「布教」と考え、何ごとによらず何からでも布教のきっかけにして通らせていただきたいと思っている。

私は十三年間、大阪府宗教教誨師《きょうかいし》として毎月、大阪刑務所へ出向させていただいた。もちろん、これも布教の一環と捉《とら》え、意欲を燃やしてつとめさせていただいた。

第一区（三年以内の短期服役者が多い）が私の担当であったが、いわゆる〝塀《へい》の内〟には独特の雰囲気があって、服役中と出所後とでは、たいていの者がその心情、考え方、生活態度をガラリと変えることに面食らったことも度々である。一日も早く出所したいがために、どんなことでも言ったりしたりする者が多く、その心理をしっかり

踏まえて対応する必要があって、心の立て替えの難しさ、厳しさを痛感させられた。

たとえば、服役中のある暴力団組長の場合、私と毎月面談するのを希望した。彼は次第に自身の苦しい胸の内を赤裸々に打ち明けるようになり、特に、一人娘の身の振り方を案じて心を痛めていた。私はその娘と京都市内で幾度となく会い、相談したりした。彼はそのことを心から喜んでくれたが、出所後は再び、以前の暮らしに逆戻り。彼の言葉を借りれば「シャバ（世間）のしがらみで、どうすることもできない」と言ったきりで、私との縁を切ってしまった。

これはほんの一例で、出所後におぢばへ帰り、修養科に入った者も数人いるが、ほとんど同様の状況で、とりわけ累犯《るいはん》（二度以上の服役）者の再出発の難しさには、また格別の感がある。私自身の真実の足りなさもあるが、布教の成果や結果を頭から度外視し、ひたすら真実の種を蒔《ま》くことに徹することを教えられたように思う。私はどうも結果を気にし、打算に過ぎるようで、成人の足りなさを思い知らされた。

「まいたるたねハみなはへる」（七下り目　8）という厳粛《げんしゅく》なる天理を誠にして通るとと

もに、布教についても、真実を尽くすことそれ自体が私のつとめであり、人間の領域であると自覚したい。

十三年間の刑務所での教誨活動は、一見、成果の見えぬ種蒔きに終始したようであった。ところが、思わぬところから芽生えのはたらきを見せていただいているのも、ありがたいことである。

たとえば、海外のある日本企業の社長は、初対面で一時間ほどお道の話を聞いただけで即座に修養科入りを決め、その後は教会長資格検定講習会も了《お》え、いまも信仰活動に励んでいる。さらに、これまた初対面で修養科を志願し、修了後は教会日参を続ける夫婦もいる。また、一枚のおぢば案内のパンフレットが手引きとなって修養科に入り、その後、台湾の布教所に住み込んでいる台湾人女性もいる。その他、思いもかけぬご縁を頂き、着実に信仰者を与えていただいている現実を思うとき、それが刑務所での種蒔きに何らかの関連があるのかどうかは窺《うかが》い知るよしもないが、「まいたるたねハ」のお言葉を嚙《か》みしめさせていただくのだ。

さて、真実とは何だろう。私の布教体験から学んだ〝活《い》きた真実〟の一側面を述べてみたい。

いまは故人だが、大阪・ミナミの繁華街で一流の料亭を営む女将《おかみ》（教人）がいた。貧困の娘時代から辛酸《しんさん》をなめ、世間の過酷な荒波にもまれ、乗り越えた末に料亭の経営者になった婦人である。その女将が真顔で、こんな質問をしてきた。

「会長さん、商売人はお客さんにモノを売って暮らしを立てていますのや。必死になってモノを売らなければ、生きていかれしません。お道はいったい何を売りますのや。何が〝売りもの〟ですか?」と。

あまりにも唐突な問いかけに、私は絶句した。そして「天理教は真実が〝売りもの〟です」と言った。

「ありがたいお言葉です。私は会長さんの真実を買わせてもらいます。私は真実が買いたいのです」と即答した。

苦労人の女将が真剣に求める真実とは、人の心の温かみ（たすけ心）であり、〝ほんものの信仰〃を志す熱意であり、しかも具体的で現実を重視しなければ信用されないといったものの総体であって、それを、彼女の身丈《みたけ》に合った庶民感覚そのままの理解の仕方ではあるが、ひたすらに求め、実行した。「真実が買いたい」との言葉通り、真実には敏感に反応し、欲を忘れて尽くされた。

こんな短い問答が私の心に重く長く響き、布教ということを考えるとき、いつも念頭をかすめる。

これは私にとって厳しい問答であったが、お道の現状や将来にとっても、軽視できない重い課題が含まれているように思う。

布教者の生命は真実を尽くすことだと、私は理解している。庶民への布教は、心の温かみが相手の心に波紋を広げ、こちらの熱意が伝わり、「いま私はこうして通っている」という具体的な現実感覚で教えを伝えることである。〃活きた真実〃を尽くすことの大切さや必要性を、身にしみて感じる昨今である。

生命を〝投げ込む〟ような求道を

いささか勇ましい表現になるが、お道の信仰を真に理解するには、結局、自らの二つとない生命を〝投げ込む〟ことしか方法がないのではないか。それにより、をやから教えられたお道ならではの理解の仕方、すなわち〝教えが胸に治まる〟ということになると思う。

たとえば、朝夕のおつとめも、心で念じ、手を振り（行動実践）、おうたを唱和し（意思の表明・伝達）、芯《しん》に心を合わせ（一手一つ）、全身・全人格をもって勤めるよう教えておられる。

世界一れつたすけたいとの思召《おぼしめし》から、教えは説かれているのであり、このをやのお心に応《こた》え、一歩でも二歩でも成人させていただくことによって、教えの真意にふれることができるのである。「分かりました」とか「聞かせていただきました」とは、そこに至ってこそ初めて言えるのではないか。

具体的に話を進めよう。

立教一六七年（平成十六年）十月二十六日の秋季大祭において、真柱様は神殿講話でこう述べられた。

「年祭に向けて、それぞれにお誓いされたでしょう心定めの実行についても、目標を見据え直して、仕上げの年を踏み出す態勢を整えていただきたい」

このお言葉を、私は文字通りに聞かせていただこうと思った。

立教一六五年の春季大祭で、真柱様が「心の下地づくりを」と仰せられたことにお応えしようと、私は年祭活動に向けての心の準備と努力目標を策定し、一日千秋《いちじつせんしゅう》の思いでお打ち出しを待った。その目標の一つとして、中国布教を目指す旨、心に誓った。

同年十月二十六日、『諭達第二号』のご発布とともに、実質上の年祭活動がスター

トした。ところが思いもかけず、その年の十二月に中国上海市《シャンハイ》と江西省《こうせい》南昌市《なんしょう》に神実《かんざね》様をお祀《まつ》りさせていただくことができた。

年祭活動二年目の立教一六七年は、おたすけにいっそう拍車をかけたが、中国布教に関していえば、新たに八月に上海市、九月に黒龍江省《こくりゅうこう》寧安市《ねいあん》、十二月に福建省《ふっけん》福州《ふくしゅう》市に、それぞれ神様をお鎮《しず》めさせていただいた。二つとない生命を投げ込む心意気（まだ未徹底ではあるが）で取り組むとき、ご守護の世界、親神様の懐《ふところ》に包まれてお連れ通りいただいているという道の神髄の一端を、感得させていただけるのだ。

「目標を見据え直して、仕上げの年を踏み出す態勢を整え」させていただきたいと、目下、私は取り組み中である。それによって私は、真柱様のお言葉を聞かせていただいたと、胸を張って言えるようになりたい。

さて、立教一六七年十月二十八日、「教祖百二十年祭　直属教会長おやさと集会」が行われ、その席での両統領訓話の要旨が『みちのとも』十二月号に掲載された。〝非常時〟を思わせる異例の集会における訓話を、私は緊張感をもって読ませていただいた。また、飾東《しきとう》大教会長様からも詳しく内容を聞かせていただいた。

「教祖の年祭は重大な時旬であり、まさしく世界の立て替え、道の立て替えのときであって、人だすけの使命を頂いている道のよふぼくの心も、しっかりと立て替えなければならない」（板倉知雄《いたくらともお》内統領）

「この道のさらなる発展のためには、いま徹底した自己反省、自己点検が必要だと私は思う」（飯降政彦《いぶりまさひこ》表統領）

私は一よふぼくとして、両統領訓話に共通する「よふぼくの心の立て替え」に、文字通り応えさせていただきたいと思った。

その具体的行動として、ささやかながら、ただいま中国福州市で全くの一がけから布教をさせていただいている。福州と東京を行き来する中国人企業家が、昨年初めて私どもの教会に参拝され、おぢばに帰られた。その人との縁で、布教を始めることになったのである。福州での布教といっても、月に一度、一週間前後しか実動できないのだが、十二月に神実様をお祀りさせていただき、そこを布教の拠点と定めた。

これは、「信仰の元一日にかえる」という私の心の立て替えの具体的な一つの道であるが、それが今後、どのような曲折をたどるか、もちろん分かりはしない。定めた心を堅持して通るだけである。ひたすら、ご縁を頂いた人や所を大事にして通りたい。そこに、をやの思召があると思っている。

私自身、そんなに若くはないが、年齢や体力を気遣っていては、やはり年寄りじみた後退の思考になってしまう。それを私は好まない。

もしも、お道の現状を覚《さ》めた目で距離を置いて眺《なが》めたり、あるいは声を荒げて、好ましくない姿を摘《つま》み出しても、なんの足しにもならないばかりか、かえって心ない者のほこり心を煽《あお》るだけだ。自身の心の向きや努力目標を見据えて通りたいものである。

私たちは、教祖によって教えの聞き方、理解の仕方を教えていただいているのであって、それを無視するようでは、をやの心を痛め、「りいふく（立腹）」の種を蒔《ま》くことにもなりかねない。をやを誠にして通ってこそ、道の信仰者であろう。

私はただ、まじめに信仰したいのである。

一粒の種から思いもよらぬ芽が

一粒の種から、国や民族を超えて頼もしくありがたい芽が萌《も》え出るのを見せられ、お道の信仰の楽しさの一面を、また教えていただくことができた。

平成八年（一九九六年）秋のことである。マレーシアにある飾大《しきだい》クアラルンプール布教所に、二人連れの婦人がなんの前触れもなく突然参拝に来て、お供えをして帰られたのである。留守居の女性が言うには、二人は中国語を話し、丁寧《ていねい》に参拝され、一人は隣の町に住んでいるとのことだったが、住所も名前も告げずに帰られたという。

こんなことは布教所開設以来初めてであり、私にも思い当たるふしは全くなかった。お供えまでしてくださったので、せめてひと言お礼を申し上げたい、ぜひお会いした

いと思った。というのも、私は新婚間もなく夫婦で東京へ出て布教させていただいたが、三カ月目にして初めてお供えを頂いたときの、初々しいあの感動が鮮やかに蘇《よみがえ》ってきたからであった。

どうすれば、この二人を尋ね当てることができるか。布教所のよふぼくと相談したが、隣の町（約千軒）に住む中国語（広東《かんとん》語、閩南《みんなん》語）を話す人、天理教になんらかの縁のある人、これだけでは捜しようがないと誰《だれ》もが言った。

そんな中、一人のよふぼくが「千軒の中で中国系の家（マレーシアは複合民族国家で約六割がマレー系、三割が中国系、ほかはスペイン系その他）は三百軒くらいかなあ」とつぶやいた。「そうだ。戸別訪問という方法があるではないか。イスラム教国のマレーシアでは、表向きは戸別訪問のにをいがけは厳禁だが、人を捜すことを口実にすれば問題はない。隣の町全域に、にをいがけをしよう。なんとか手がかりが得られるはず」と思い、皆に告げた。

私はよふぼくを伴い、連日、隣町へ行った。その一方で、海外布教伝道部（現・海外部）に問い合わせたが、心当たりは皆無とのことだった。

ところが数カ月経《た》って、ついにお目当ての婦人の一人を、戸別訪問先で見つけたのである。その婦人の話では、もう一人は東京に在住。一、二年に一度、ここマレーシアへ来て親交を深めているが、住所も電話番号も定かでなく、東京から時たま電話があって長話をする。過日、彼女と一緒に散歩に出て、天理教の看板を見、彼女に誘われて参拝した。次はいつ東京から電話が入るか分からない、とのことだった。かかってきたら、ぜひ電話番号を聞いておいてもらいたいと頼み込んだ。

それから六カ月後、東京の婦人の電話番号がようやく分かった。こちらの一念が通じたのであろう。以来、私は埼玉県にある部内教会へ年に数度巡教するたびに、東京でその婦人と話す機会を持った。

その人は、いまは日本国籍だが、台湾出身で、三十年前に日本人と結婚し、二児の母となったころに離婚。夫の祖母が熱心なお道の信仰者で、その祖母に連れられて、おぢば帰りをしたという。離婚話に苦悶《くもん》しているとき、病床のその祖母から「わがままな孫のために、あなたに苦労をかけて済まないね。ごめんね」と言われた。暗闇《くらやみ》に閉ざされた彼女の心に一筋の光が差したように感じ、信仰に対する彼女の心も開きかけたが、祖母の出直しや離婚によって、お道との縁は途切れてしまった。

だが、三十年以上経っても火種は消えていなかったのか、マレーシア滞在中に天理教の看板を見つけ、なんとも懐かしい思いに駆られたという。財布を空《から》にしてお供えし、「参拝できてよかった」と語ってくれた。そして「そんなにまでして私を捜し当ててくださって……」と目を潤《うる》ませた。

その後、丹精の甲斐《かい》あって、この婦人はよふぼくとなり、平成十四年に修養科を修了したが、特に、この人の国際的で豊かな交友関係から、日本人はもとより台湾、中国、マレーシアの人々にも、積極的ににをいを掛けてくれている。

前に、中国福州市の中国人企業家との縁から、現在、私が福州市を拠点に、一がけから布教を始めさせていただいていると述べた。その企業家も、昨年（平成十六年）四月に、ほかの中国人と共にこの婦人が伴って、東京から大阪の飾大へ、そしておぢばへと導いてくださったのである。

九年前に蒔《ま》かれた一粒の種がきっかけとなり、三十年前に埋め込まれていた信仰の火種に灯《ひ》が点じられ、種を蒔いた本人が、いま信仰者としての日々を通るようになったのも、また、それをサポートし丹精する喜びや楽しさを私が体得できるのも、すべてはをやの深い思召《おぼしめし》と親心によるものである。そして、この芽から花が咲き、実が稔《みの》る喜びを求め、私はさらなる丹精をさせていただきたいと、意欲に燃えている。

この世と人間を創造された元の神・実の神が、旬《とき》満ちて「おもて」へ顕《あら》われ、教えられたこの道である。

　このよふをはじめた神のゆう事に
　せんに一つもちがう事なし　（一　43）

をやを誠にして通れば、この道に対する自信、誇り、勇気が湧《わ》き上がる。

〝変わってはならぬもの〟は何か

たとえば携帯電話の実情をインターネットで調べると、二〇〇二年の人口普及率は六三・七パーセント。欧米でも軒並み六割を超えている。いまや携帯電話やパソコンの普及による情報化の進展は、実生活への影響はもちろんだが、歴史をも動かす大きな要因になろうとしているという。

情報化など時代の流れに適応することは必要である。私自身も、私どもの教会も、これに即応したいと考えている。

しかし、そのとき最も重要なのは、お道本来の〝変わってはならぬもの〟をあらためて自覚し、それを堅持するために、いま自らを大きく変えていくのだという決意と

実践ではないか。なぜなら時代への適応とは、迎合ではなく活用であり、その精神的活力の源は信仰――特に「果てしない親心」を感得させていただくこと――にあると思うからだ。

時代の流れは必ずしも、をやの思召《おぼしめし》に適《かな》った方向へ向かっているとは限らない。迷走を続ける社会、と言えるかもしれぬ。また、情報そのものも功罪相半《あいなか》ばするものだ。数量や統計のみで善悪・優劣などの価値判断をしがちなのも〝罪〟の一面であろう。

近年は内外ともに厳しい節の連続だが、これまた現代の特徴であろう。それらの節に込められた親心を感得できるか否《いな》かは、〝成ってくる理〟を正しく悟れる信仰者へと自らを変えることにあるのではないか。

また布教の活性化、布教力の再生という目下の重要課題に取り組むうえからも、布教の現代化の名のもとに、そのノウハウを考えるという次元を超えて、〝変わってはならぬもの〟を堅持し実践する信仰のあり方、すなわち信仰の元一日にかえり、〝ほんものの信仰者〟に自らを変えていくのだという決意と実践こそが、布教力再生の鍵《かぎ》であろう。

『諭達第二号』の中で「この果てしない親心にお応《こた》えする道は、人をたすける心の涵《かん》養《よう》と実践を措《お》いて無い」とお示しいただくように、「果てしない親心」にふれればふれるほど、この親心にお応えしたいという思いが油然《ゆうぜん》と燃え上がってくるのである。

　この本でも幾度か述べたが、私は厳しい節を与えられるたびに「難儀さそうと不自由さそうというをやは無い」（明治24・1・21）というお慈悲と深い思召を、わが肌で感得させていただいた。そして、時が経《た》つにつれ、その感動がより深く心にしみわたり、とにかく何からでも布教させていただこうと思うようになった。事実、安閑《あんかん》としてはいられぬ衝迫《しょうはく》の念に駆り立てられるのである。布教の活力の泉を掘り当てたようにさえ思えるのは、をやを誠にして通らせていただこうと努めてきたおかげ（ささやかな決意と努力にすぎないが）ではないか。

　ところで、広汎な読者を持つ作家の司馬《しば》遼太郎《りょうたろう》が、こんなことを書いている。

「ヨーロッパにおいては――神などあるはずがないではないか、というただ一つの常識的疑問を破るために、昔から今に至るまで、あるいは累計何千トンにもなるかと思えるほどに多くの神学論文が書かれてきたのである。……私ども現代にすむ者の多くは、もはや神が真実であるという神学的な真実観から離れてしまっている。――あるはずがない。という平明さこそ、現代の神学である。私もその中にいる」

（『街道をゆく』22「南蛮のみちⅠ」より）

これが現代人の大方の考えであろう。この常識を私たちは変えていかねばならない。

　このもとをくハしくきいた事ならバ
　いかなものでもみなこいしなる　（一　5）

この元（神が「おもて」に顕《あら》われたという真実）を詳細に懇切に聞きさえすれば、いかなる人（無神論者を含めて）も、国や民族や時代を超えて、をやへの親愛・敬慕の念を必ず抱くようになる、と明言されている。私たち信仰者には、現代の人々に対して道の信仰との縁をつくり（にをいがけをし）、詳細に懇切に（この真実を胸に治め、誠にして通って）伝える責務がある。このおうたは、お道の信仰にとって決定的な重大な意味を持っていると痛感する。
元の神・実の神である天理王命が、この世の「おもて」に顕われ「よろづいさい（委細・一切）」を説き明かされているという真実こそが、お道本来の〝変えてはならぬもの〟であり、すなわち神一条の道である。これを証明するために、累計何千トンどころか一冊の本も必要でない。ただ、をやを誠にして通りさえすれば、をやの存在とそのはたらきを体得させていただける。〝ほんものの信仰者〟の言行以外に、現代人の常識や、迷走する時代の流れを変える道はないのである。

あえて、いまここで、その真実性を間接的に傍証するとすれば、たとえば人間の苦しみや人間のたすけについて、この教えが根源的に徹底して説き明かされている比類のない内容であること一つを取り上げれば、それで十分であろう。

〝ほんものの信仰（者）〟が、いままさに熱望されている。をやを誠にして通るかどうかは、一人ひとりの決断によるのだ。をやは峻厳《しゅんげん》たる節をもって、それを促しておられるのだと、私は理解したい。

〝神の自由を知る〟ささやかな体験

「神のぢうよふこれをしらんか」（三 126）というおうたがある。信仰のうえでも人生百般においても、をやの守護を直接わが肌に感受させていただいたとき、その感動、その喜びを表すどんな言葉や態度も、決して十分ではないと思えるほどである。

外側から見れば、ほんのささやかな事柄に思えるだろうが、私にとっては身の震えるような感動を、つい最近も経験させていただいた。その一つを述べてみたい。神の自由《じゅうよう》のおはたらきの実例である。

前に、台湾屏東《へいとう》市での布教についてふれたことがある（153ページ「〝思召に生きる喜び〟に力湧く」参照）。その後、この飾大《しきだい》屏東《へいとう》出張所に厳しい節を見せられ、ここでの布教を断

念する寸前まで至った。

まず、神様をお鎮《しず》めした場所の移転問題が起きた。やむを得ない事情が重なり、心ならずも早急に立ち退《の》かねばならなくなった。どこへ移させていただくか。信者のリーダー格のR氏が奔走してくれたおかげで、ようやく移転先が見つかった。

ところが、その三カ月後に、出張所長となったR氏が突然の身上で出直したのである。そんなこともあって、月次祭に参拝していた数人の信者が、ぷっつり来なくなった。私一人でおつとめをさせていただく月が何カ月も続いた。

一人でおつとめを勤めながら「屏東での布教を撤収するのが、をやの思召《おぼしめし》ではないか」。そんな思いが、私の脳裏に浮かんでは消えた。これは、物事を有効性や成果で測ろうとする、私の良くない癖《くせ》による思案であるとも反省した。そして、をやが「ここ屏東で布教せよ」とご指示くだされたではないかと、全く未知の土地で布教を志した初心を思い返し、をやの思召を立てきって通ることが教祖ひながたの実践ではないかと自分自身を鼓舞し、思いを新たにさせていただいたのである。

ところが、昨年（二〇〇四年）十一月に、思いもよらぬ事態の転換があった。私が台北《たいほく》の布教所、飾大豊原《とよはら》教会、高雄《たかお》の布教所を経て屏東へ行き、出張所で旅装を解いてR氏宅（出直した出張所長の本家）を訪ねたときのこと。ちょうど、R氏の実弟が車庫から車を出して出掛けようとしていた。その実弟とは、何回も会って顔見知りではあったが、事業家（ホテル経営や建設業の社長）で多忙なこともあって、出張所の月次祭には一度も参拝したことがなく、お道の信仰には縁がないような態度をとってきた人である。

実弟は私の顔を見るや、車を車庫に戻し、応接室で私と話し合いたいと言う。

開口一番、「兄が大変お世話になりましたが、これからは私が兄に代わって、どんなことでもさせていただきます。なんでも言ってください」と言われた。すぐに言葉が出ないほど、私は驚いた。

翌日の出張所の月次祭では、おつとめのお手振りを初めて練習してくれた。現在は、毎月その実弟と新しい二人の男性と共に、いまだ少人数ながら、勇んでおつとめをさ

せていただいている。

初めにふれたように、このささやかな事態を思うに、今まさに出掛けようとして車に乗っていた実弟と会えたこと（私が三十秒も遅く行くか、彼が早く出発していれば会えなかった）、また、こちらが全く予期せぬ言葉を彼が告げて、真正面から信仰に心を向け（教祖百二十年祭には、おぢば帰りの心定めをしている）、心強い働きを種々してくれていることは、まさに〝神の自由のはたらき〟としか思えない。

この道は、常々に真実の神様や、教祖や、と言うて、常々の心神のさしづを堅くに守る事ならば、一里行けば一里、二里行けば二里、又《また》三里行けば三里、又十里行けば十里、辺所《へんしょ》へ出て、不意に一人で難儀はさゝぬぞえ。後とも知れず先とも知れず、天より神がしっかりと踏ん張りてやる程《ほど》に。……皆《み》んなめん〳〵の心通り、言わしてみせる。神の自由《じうよ》自在《じざい》、よう聞き分け〳〵。（明治20・4・3　補遺）

このお言葉が鮮やかに思い出されるのだ。

届かぬながらも、私はをやを誠にして通ることが、教祖ひながたを実践させていただく重要な柱と思い、それを徹底させたいと願いながらも遅々たる歩みしかできないでいるが、屏東でのこの体験からも、より一層の励ましを頂いたと思う。あらためて、をやを誠にして通る（日々常々、神様や教祖やというて、神のさしづを堅くに守って通る）ことの真実性を確信するのである。

これはまた、信仰の元一日にかえる、ということであろう。をやの目に適《かな》った正しい信仰をすれば、をやの自由のご守護を、必ず見せていただけるのだ。これほど明白なことはない。

教祖年祭の〝非常時〟に、私たちが自己反省や自己点検をする思案の発想や方向は、この一点に集約しなければならぬ、ということも明白であろう。

これまで述べた屏東でのささやかな事態よりも、さらに大きなスケールや、異なった領域においても、神の自由の守護が鮮やかに現れることは間違いない。その体験がまた、信仰の大きな喜びであり、楽しさである。

固定観念洗い直し活路を見いだす

人間の固定観念や先入観というものは、思いのほか根強く、その人の生き方や美意識を左右することにもなる。

私は、信仰一途《いちず》に生きる両親に厳しく育てられた。特に、信仰者として謹厳そのものの父親の姿から、お道の信仰（者）とは、かくの如《ごと》きものであり、それを素晴らしく好ましいものと思い込んでいた一時期があった。

その父は、私が十八歳のときに出直した。「このお道さえ通らせていただけば、それでいいのや」と遺言して息を引きとった。このひと言が、私にとって実質上の入信となった。

父の出直しを惜しんでくださった飾東《しきとう》大教会二代会長の紺谷金彦《こんたにかねひこ》先生が、父の葬儀も済んだある日、私にこう言われた。

「どこから見ても落ち度や欠点のない人で、たとえてみれば、よく手入れされた盆栽《ぼんさい》の松や梅のような立派な人やった。ところが松や梅といった木は、盆栽もいいが、大地にしっかりと根を張った野生のものもまた、逞《たくま》しく美しい。飾大《しきだい》も、思いきり枝や葉を伸ばし、教祖の思召《おぼしめし》にお応《こた》えさせていただくよう栄えることを期待したい」と。

私は目の前がパッと開けたように感じた。そしてまた、私自身がもっと大胆に発想を転換し行動することによって、両親にも喜んでもらいたいと思うようになった。固定観念や先入観を洗い直したいと考えたのである。

父の出直し後、私は教えを求めて、先生方のお話を食い入るように聴かせていただいた。その中で、「理に適《かな》ったよくはよろしいなれど……」というほこりの説き方が、新鮮な響きをもって私の胸を打った。

それまでの私は、周囲の人から「それはいけない」「そんなことは、ほこりになる」

と常々言われていて、それをあたかも余計な枝葉を剪定《せんてい》する庭木や盆栽の手入れのように感じていたので、「理に適ったよく」は、どれほど大きく強くてもよろしいと、神様が保証しておられるのではないかと思った。よくについての視点が変わったのである。

希望、願望、志、大望といった、将来に対する私自身の夢が大きくふくらみ、大胆な発想や行動を、胸を張って志向できる弾みを与えられたように思った。心が勇んでくるのであった。

また、お道に対する従来の私の固定観念の枠《わく》がはずれ、新しい見方や発見ができて、教えを学ぶことが楽しくなった。

みかぐらうたの十二下り目に「あらきとうりやう」「こざいくとうりやう」「たてまへとうりやう」とある。「とうりやう」を〝ほんものの信仰者〟、ほんものの教祖の道具衆と解すれば、個性豊かな独自性のある信仰者が、力いっぱい伸びやかに自らの使命・役割に生きよと、をやは励ましておられるではないかと思えた。私は俄然《がぜん》、元気が出てくるのであった。

平成五年（一九九三年）、私は胃がんという厳しい節を与えられた。私自身のいんねんの自覚、さんげを踏まえ、この節をお与えくださったをやの真意、思召はどこにあるのかと真剣に求めた。

「さあ、これからどんな心を定め、どのような道を通るのか」という将来に対する私の生き方を、をやは促され、急《せ》き込んでおられるのだと思い、ベッドに臥《ふ》せりながら将来のことばかり考えていた。未来を志向すると心は明るくなる。節に対する態度や受けとめ方が次第に変わっていった。節はすべて「さあ、これから――」という今後の生き方に対するをやのお急き込みなのだと、私は確信するようになった。

この身上を通して、あらためて海外布教の再出発を心定めさせていただいたが、その後は胃がんの手術を受けることなく、ご守護いただくとともに、それまでの国内外での布教の様相が一変し、数々の自由《じゅうよう》のおはたらきを賜《たまわ》り、今日に至っている。

これは私一個人の経験にすぎないが、固定観念や先入観の洗い直しは、人間の生き

方や信仰の基本姿勢に関《かか》わる、重要で普遍的な問題だと思われる。

また、理に適った発想や行動とは、をやの思召を徹底して立てきって通るところにあると思っている。思召とあらば、わが身の都合を捨て、たとえ遠方や辺境の地であろうと布教させていただく心を定めていたが、思いもよらず、をやから不思議なご縁を頂いて、現在、赤道直下の灼熱《しゃくねつ》の地マレーシアや、冬季は零下二〇数度にもなる中国黒龍江《こくりゅうこう》省へも布教に出させていただいている。

盆栽型の父親は苦笑しながらも、喜んでくれていると思うが、野生の生命力あふれた美しさや強さの一端を、なんとか体現したいと心掛けている道中である。

固定観念の洗い直しは、小成に安《やす》んじる姿勢を放棄して信仰の素晴らしさをさらに追求する道であり、また、閉塞《へいそく》状況を打破し、新しい活路を見いだす再生への要《かなめ》ではないか。それは、をやのお心を、さらに大きく深く感得させていただけるようになるからである。

道具衆として〝存命果たす〟決心を

先日ある国で、大学生を含む若者の一群が騒動を起こし、それがマスコミで大きく報道されたとき、私は自分の過去の一時期をつい思い出した。それは、偏《かたよ》った情報のもとで、誤りない判断や行動をすることの難しさを、身にしみて感じた苦い経験を持つからである。その時代や社会環境が、いかに特殊な色合いを帯び、偏向していたかが分からず、時代思潮に巻き込まれたという悔しい思いが蘇《よみがえ》ってくるのである。

だが、これは何も過去のことではない。現在は果たして、そんな誤りを犯していないかという問いを怠《おこた》ってはならないと思う。

ある説によれば、現在は「有利だ」と聞かされると、「好きだ」と錯覚してしまい、それが行動の判断基準になる傾向が強いという。たとえば、これは安いか高いか、損か得か、速いか遅いか、便利か不便か。つまり「有利」を追い求める生き方を「善《よ》し」としているわけだが、これまた時代の偏向に染まった短慮な生き方だといえよう。

ありがたいことに、私はをやのお手引きから、この道の信仰を知り、いかなる時代の偏向や色合いにも左右されず、人間としての真実の生き方を教えていただいていると確信する。だが、それにしても、をやの教えを正しく理解し実践できるよう道を求めるにつれ、をやが望まれ、かつ私自身の目指すべき理想の人間像を明確に描く必要性を感じる。そのことを「教祖の道具衆」という言葉で示されていると思うのである。

これについて、二代真柱様は著書『道具衆』の中で、次のように述べておられる。

「その昔、人間創造の時、道具衆は自己の特色により、親神様にお使い頂いたのであります。（中略）陽気ぐらしの真意を広い世界へ伝える役割は、よふぼくの御用であり、よふぼくが教祖の道具衆であるという所以《ゆえん》なのであります。（中略）教祖の心に溶け込んで、勇んでつとめる事が、教祖の道具衆たる所以であります」

教祖の道具衆は、をやにお使いいただくことが大前提なのは言うまでもない。そのためには「教祖の心に溶け込む」以外に道はない。

では、溶け込むとはいかなることなのか。私自身はどうすればいいのか。

国のためと言うて、存命果たす者もあろう。又《また》この道というは、尚《なお》も心一つに治めてくれにゃならん。よう聞き分け。皆心一つに持ってくれにゃならん。

（明治37・11・2）

というおさしづがある。

国（または藩）のために〝存命果たす〟ことを本義とした武士《もののふ》という階層集団が、かつて日本には存在した。「武士道と云《い》ふは死ぬ事と見付《みつけ》たり」（『葉隠《はがくれ》』）という言葉がよく知られている（これは観念論であるが、それゆえに武士の生き方を一徹に激烈に追求し得た言葉だと思われる）。

いま、こんな言葉を引っ張り出すと、時代錯誤も甚《はなは》だしいと言われそうだが、いまも世界で注目される人間の生き方の一典型であることには相違ない。しかし所詮《しょせん》は、人および人為的な対象（国や藩）に対する忠誠でしかない。
　その点、教祖の道具衆はどうであろうか。

　　さあ〳〵月日がありてこの世界あり、世界ありてそれ〳〵あり、それ〳〵ありて身の内あり、身の内ありて律あり、律ありても心定めが第一やで。
（明治20・1・13）

という順序の理からして、この世の根本たるをやを目標《めどう》とする心定め（ご恩報じ、をや孝心）として〝存命果たす〟ことの意味は、その純粋さや一筋心において武士道の比ではない。「この道というは、尚も心一つに治めてくれ」と仰せになるのは、〝存命果たす〟覚悟と決心を定めた生き方を、をやが期待しておられるからではないか。自主的に積極的に「尚も心一つに治めてくれ」と、をやは私たち一人ひとりの決断を促されているように思えてならない。国のために〝存命果たす〟者もある。まして、この世の根本であるをやのために、それができないでどうするのか、と言われているのだと思う。

教祖の道具衆として、をやにお使いいただくことは、人間の自主性の立場からすれば、をやの思召《おぼしめし》を立てきって通るということでもある。思召とあらば、わが身の都合を捨て、命を投げ入れ、心の限りを尽くして、その実現に努めることであろう。

このことを、教祖のひながたを通して教えられているのではないか。教祖は月日のやしろにお定まりくだされてのち、親神様の「思召のまに〳〵」貧に落ちきる道を急がれたが、思召を徹底して立てきるうえから、当時の社会通念に敢然と逆らってでも、喜びの心で通られたのであった。

このひながたをまねぶうえからも、私は、私に対するをやの思召である布教に全力を挙げることが、教祖の道具衆に近づくことになるのだ。

教祖の道具衆の基本姿勢は、をやのために〝存命果たす〟という心構えを貫き通すことであり、これを日ごろの立ち居振る舞いにまで浸透させたいと願うが、特に教祖年祭という非常時では、この基本姿勢を強く意識して通りたい、通らねばならない、と私は思っている。

老いてなお〝太陽〟は輝いているか

八年ぶりに大阪の旧制中学（男子校）の同窓会に出席した。今年、数えで喜寿を迎えた約三百人の卒業生のうち、当日の出席者は五十六人。すでに出直した者は八十九人。生死・連絡先も分からぬ者が十八人いて、また、この日の欠席者の多くから、健康上の理由で参加できないとの返信が来ていた。

出席できたことを互いに喜び合ったが、同齢の仲間の現状の厳しさに一抹《いちまつ》の寂しさを感じた。開会の冒頭で、この一年間に出直した五人の級友の名前が挙げられ、一同で黙禱《もくとう》を捧《ささ》げた。

この会は毎年行われているのだが、ほんとうに久方ぶりに参加した私に、幹事さんは私自身の現況や心境をスピーチせよと言う。請われるままに、久闊《きゅうかつ》を叙《じょ》す意味も込めてマイクを握った。

私はいまも信仰者として現役で飛び回っている（毎月のように海外へ布教に出ている）ことにふれ、お道の信仰一筋に通っている現況を簡単に述べた。

中学時代には、天理教というだけで随分冷やかされ、悔しい思いをしたものだが、半世紀以上も経《た》ったいま、同席の級友から一種の羨望《せんぼう》や賞賛の声を掛けられ、「そんな元気はどこから出てくるのか？」「どこに天理教の魅力があるのか？」などと質問も飛び、話を終えてもお道のことを語り合えたのは嬉《うれ》しかった。

同級生の大半が活動の第一線を退き、余生の送り方とか、わが身の健康管理にあくせくしている者が多い中で、私は何か珍しい存在に見られているのが不思議であった。

言うまでもないが、お道の信仰者は年輪を重ねるにしたがい、をやにお使いいただくことを、より一層嬉しくもありがたく感じるとともに、〝生涯現役〟で通らせていただける結構さを、この場でも痛感した次第である。

思うに、生涯現役で通るということは、また自主的に目的を持って通るということであろう。入信の当初は、わが身わが家のたすかりから信仰を始めても、をやの大願である世界たすけ（陽気ぐらし世界の実現）という目的を、自らの目的として決断し実践してこそ、真のたすかり、たすけの道に入るのである。この単一にして明確な目的に適《かな》う判断や行動を、日々心掛けて歩むことが信仰者の道であろうし、そのような長期思考のうえから、そのための一里塚として自らに課題を与え、私は布教させていただいているのである。とりわけ現在は、教祖百二十年祭活動の心定めを実践している道中である。

このことを、明けても暮れても強烈に意識して通るところから、級友などから「そんな元気はどこから出てくるのか？」と言われるのであろう、と思う。自らの目的を持つ大切さは言うまでもないことだ。目的も持たぬ指示待ち人間には、積極性や元気がないといわれる所以《ゆえん》である。

さて、海外は別として、国内で天理教のことを知らぬ者はほとんどいない。知って

いるといっても、少なくとも理解を示す者はまだまだ少数である。同窓会の席上で「どこに天理教の魅力があるのか？」と問われたときは、いささか嬉しく思った。これは、お道に対して前向きに関心を示した一つの証左といえるからだ。

私は自らの心情を伝え、お道の魅力の一端をなんとか理解してもらいたいと努めた。いつしか、にをいがけをさせていただく心境になっていた。

およそ人の世は、不安でつらくて不透明で薄暗い靄《もや》のかかったようなありさまであるが、東の空に太陽が昇り始めると、次第に明るく晴れやかに隅々まではっきりと識別できるようになる。たとえてみれば、私の現在は、そのように楽しく晴れやかで、わが人生の目標や使命も明確に理解・識別できるようになっていると思う。それは太陽が輝きだしたからであり、その太陽とは、私に命を与え守護されている真実の神であり、その神が現実に存在（高次の実在）しておられることを、私は私の身体《からだ》で感得できるようになったからである。これを天理教の信仰によって教えられたからである。

しかも、この実在の神は、満ち溢《あふ》れるような慈愛と、峻厳《しゅんげん》にして整然たる天理をもって、この世を司《つかさど》る命の元、真実の親である。この親ご自身が（教祖を通して）「おもて」に顕《あら》われて、この世の真実を説き明かされ、不安でつらくて不透明で訳の分からなかった「生きる」ということの意味を鮮やかに解答され、解決してくだされ、人間は果てしないをや心に包まれて生きていることを発見した。そして私自身、このをやと共に生きるために、何を捨ててもお道の信仰に生きたいと思い、すでに半世紀以上も経過している。

こんな嬉しいことはない、と私は最高の生きがいを、いまも噛《か》みしめていることを伝えた。

同齢の仲間たちの反応はどうであったか。それはともかくとして、この日も自分を偽《いつわ》らずに過ごすことができて、ありがたいことであった。

〃何もしない〃種を蒔いてはいないか

ある教会長は、朝づとめに続いて毎日朝席を行い、しばしば一時間近く話すこともあった。知人の教会長が「朝の気ぜわしいときに、参拝者のことも配慮して、もう少し話を短くしてはどうか」と言った。

これに対し「参拝者のことを思い、たとえ五分でも十分でも長く、をやのことに心を使ってもらいたいと思って、私は話をさせていただくのだ」と答えたという。親切心で忠告したつもりの知人は、いたく恐縮したということであった。

この話に私は触発された。そして、をやのことを思い、御用をさせていただく時間が、一日二十四時間のうち、どれほどあるかと省みたとき、あまりの少なさに愕然《がくぜん》とした。就寝や食事など、わが事のために、いかに多くの時間を費やしているかを思い知らされたのである。

たとえひと時でも長く、をやを思う心、深く熾烈《しれつ》にをやを敬慕する心を持ちたいと思うのだが、そのために、私が明けても暮れてもたすけ心を実践したいと言うと、「そんな堅苦しい不自由な通り方はご免だ。もっと伸びやかに気楽に楽しく信仰したい」と話す人がいた。

もちろん、お道に〝こうしなければならぬ〟ということはない。

むりにどうせといはんでな
そこはめい〳〵のむねしだい　（七下り目　6）

と仰せられるように、をやは強制されはしない。

しかし、気楽に信仰したいというそんな軽い気持ちでは、をやのおはたらき（守護）は見えない、分からない。お道の信仰は、そんな軽々な心で分かるほど、底の浅い薄っぺらなものではない、と私は思っている。

また、楽しさといってもピンからキリまである。心の底から湧《わ》き上がるような楽しさこそ、ほんものの、消え去ることのない真の喜びであろう。そんな楽しさを追求し、体得したいものである。

ところで、お道では、自らどんな心の種を蒔《ま》くか、その蒔いた種通りに現実が成ってくるというのが、守護であり天理であることを痛いほど教えていただいている。

「心の理というは、日々という常という、日々常にどういう事情どういう理、幾重事情どんな理、どんな理でも日々に皆受け取る」（傍点筆者）と、おかきさげに示される通り、心に自由《じゅうよう》の理を許されていることは、限りなくをやに尽くすこともできる（をやは、その自発性を望んでおられる）とともに、果てしなく堕落することもあるという、厳しくも、ありがたいをやの心の現れである。

かつて私は「布教せねばならぬ、布教したい」と思いながらも、なかなか実行できない時期があった。教会長として、また教内の御用で多忙な日々を送っていたので、これも広い意味で布教の一環であると自らを慰めていた。布教の重要さは承知している。だが、現実としてはできない、しないということであった。

あるとき〝分かっているけれども何もしない〟ということが、実は〝重大なことをやっているのではないか、と気がついた。それは〝承知をしているが何もしない〟という心の種を蒔いているということである。そんな優柔不断な、嫌悪すべき無様《ぶざま》な種を、日々蒔いている自分自身が哀れに思われ、なんとしてもこれだけは避けたいと考え、自らの心に鞭《むち》打ちながら布教に踏み出したのである。そんなささやかな決意で実行したのだが、それもまた「どんな理でも日々に皆受け取る」と仰せになっているのだ。

ようやくにして現在、布教はありがたく楽しいことであると新鮮に体得できるようになりつつある。そして、新しい芽が萌《も》え出る現実をも次第にお見せいただくにつれて、さらにをや心を求めたいという、より一層の意欲が湧いてくる。ありがたいことである。

ついては、この十月は教祖百二十年祭執行直前の秋季大祭を迎える。ここにあらためて、世界たすけという立教の元一日に復《かえ》ることを念願し、私は新たな感懐を持つ。をやの思召《おぼしめし》は、広く世界に宣《の》べ弘《ひろ》められているとはいえ、をやの思いからすれば、甚《はなは》だ申し訳ない現状である。近年、特に教内外に厳しい節をお見せになり、たすけを急《せ》き込まれている現状は、私どもの心通りということであろう。おたすけに対する信仰心が、種通りに現れている姿ではないか。をやは、それを「ざんねん」「なさけない」と嘆いておられるではないか。わが心、恥じるに耐えない。

をやの目に適《かな》う心の使い方の方法と内実を再検討し、心の立て替えを実現しなければならない。ここに、をやの思召があるということも明らかである。もしも、それさえもしないという優柔不断な、悲しくも、かつをや不孝な種だけは蒔かない、と決心したい。

そして「いかな大木も、どんな大石も、突き通すという真実、見定めた」（『稿本天理教教祖伝逸話篇』一八九「夫婦の心」）と、をやに仰せいただけるよう、身も心もたすけに集中して通らせていただきたい。これまた、私の心一つの理である。

をや孝心と子を思うをやの心

去る七月末に、一人の中国人男性（51歳）が修養科中国語クラスを修了して帰国した。

彼は四年前（二〇〇一年）に妻を亡くし、長男と母親と上海《シャンハイ》で暮らしていた。上海の中国人夫妻の手引きで、私は彼の経営するレストランでたびたび面談し、彼のおぢば帰りと修養科志願の心が定まった。

四人兄弟の長男である彼の将来を、年老いた母は殊《こと》のほか心配していた。全く耳にしたことのない天理教、しかも三カ月間も遠国・日本で生活することに強い難色を示した。ところが息子の決意は固く、また、手引きをした中国人夫妻の熱心な勧めもあって、ようやく納得してもらえた。母親にとっては、妻を亡くした傷心の長男に、なんとか立ち直ってほしいという親心からの決断であったろう。

現在、中国で海外出国できるのは、いまだ限られた人たちである。わりても、これまで修養科に入れた人は、留学生関係か日本人との特別な姻戚《いんせき》関係のある極めて少数の者で、一般の社会人では皆無である。果たして日中両国政府が、彼に三カ月滞在のビザを発給するかどうか。過去、何回やっても無駄《むだ》であったことを承知のうえで、それこそ〝当たって砕《くだ》けろ〟の心境で手続きに着手した。

手続き上の幾多のハードルを越え、一式の書類や証明書を揃《そろ》えて領事館へ提出。一《いち》日千秋《じっせんしゅう》の思いで結果を待った。

四月八日、待望のビザが発給され、本人も歓喜して飾大《しきだい》分教会へ国際電話で通知してきた。さらには翌九日、懸念されていた「反日デモ」が上海でも発生し、日本総領事館も大きな被害を受け、三週間にわたり一切の業務がストップした。もう少し発給が遅れていたら、どうなっていたことか。事実、別の中国人よふぼくは、わずか一日違いでビザ発給が一カ月近くも遅れ、今年の中国語クラスに入れず、来年四月まで見送らねばならなくなった。

　こうして修養科に入った彼は、母親との約束で毎週、上海へ国際電話をかけ、おぢばでの生活や時々の心境を率直に伝えていたようである。

　私が七月中旬に上海へ行ったとき、母親がぜひ会いたいとのことで、先の中国人夫妻と、留学生ＯＢで日本語の達者な女性よふぼくの四人で、母親の住む家を訪ねた。

　初対面の母親は、心を尽くして歓待してくださった。修養科中の息子からの報告で、おぢばは素晴らしい聖地であり、息子が生まれ変わったように生き生きと明るくなっていく様子が何より嬉《うれ》しいと、私の手を取って何度も感謝されるのであった。そして、その母親が「私も来年、修養科に入れてもらいたい」と真顔で話すのである。

「お体は大丈夫ですか？」と尋ねると、「そんな素晴らしい所へは、少々無理をしても行きたい。体は心配ありません。私は今年三月に長女のいるパリへ行ってきました」と言った（娘夫婦はパリでレストランを経営している）。そして、わざわざ自分のパスポートを見せる母親の姿に、私は胸が詰まった。

このようなことは国内海外を問わず、ごくささやかな話であるが、こうした成り行きからも、私は、世界一れつたすけたいとのをやの切なる思召《おぼしめし》を感得させていただくのである。反日デモという不測の事態も見越されたうえで、一日の差で一人のよふぼくを生み育ててくださるのだ。多くの厳しいハードルを通過させ、あるいは国や民族の違い、異なる文化文明を超え、ぢばの理のありがたさをお仕込みくださるのだと思わずにはおれない。

彼はおぢばで多くのことを吸収したようだが、その一つに、みな揃ってのひのきしんがある。特に「早朝の神殿掃除ひのきしんは素晴らしい。心身ともに洗われるようだ」と。私の予想以上であった。

また、辛辣《しんらつ》なことも言った。親孝行を軽視する日本人が少なくないと。若い修養科生から、そんな印象を受けたようである。

親孝行は当然のこと、とする彼は、中国では憲法にも明記されてあると話した。

「中華人民共和国憲法第二章第四十九条に……成年子女には父母を扶《たす》け養う義務がある」(余談ながら、現行の日本国憲法には、これに相当する条文はない)

一方、子を思う親の心には切々たるものがある。これは、神が人間に付与された基本的資質なのだ。このような親子の絆《きずな》の分かる者は、必ずをやの実在とお心をも感得させていただける。また、そうなってこそ人間としての成人がある。

　　にんけんもこ共かわいであろをがな
　それをふもをてしやんしてくれ　(十四　34)

人間の親子の絆以上に、はるかに濃密にして強いをやと人間との絆や、そのお心を、私は中国のこの親子にも速やかに承知してもらえるよう、さらに丹精させていただきたい。これこそ、よふぼく本来の使命である。そして「神も共に楽しまれる信仰」にともどもに励みたいと、私の心は弾むのである。

中国本土の教会跡で考えたこと

今年（平成十七年）の夏は殊《こと》のほか厳しい暑さが続いた。教祖百二十年祭活動〝仕上げの年〟ゆえか、猛暑の中、例年以上に布教に奔走《ほんそう》できて嬉《うれ》しい限りだ。

七月中旬に中国へ。月末にまた訪中する御用を頂き、二十八日朝、関西国際空港から上海《シャンハイ》経由で黒龍江《こくりゅうこう》省ハルビンへ。そこから車で四時間半の寧安《ねいあん》という北朝鮮の国境に近い街へ行った。

当初の予定は大きくくずれ、翌二十九日の早朝四時半に到着。ここで結婚式を挙げるよふぼく一家に招かれ、かつ講社祭を勤めさせていただくためである。

新郎新婦はともに天理大学の卒業生で、おさづけの理を拝戴《はいたい》している。新郎の両親も一昨年に来日し、三カ月間の滞在中によふぼくとなり、帰国に際しては故郷で神様をお祀《まつ》りしたいと申し出られ、その年の十月に神実様《かんざね》をお鎮《しず》めさせていただいた。

三十日の結婚式は正午から始まった。中国漢民族式と朝鮮民族式が混合したような、華やかで慶《よろこ》びに満ち、一面、厳粛《げんしゅく》な雰囲気に包まれていた。この街の住民のほとんどは朝鮮族で、式場の前には大きなアーチと舞台が設けられた。二十一発の祝砲が轟《とどろ》き、クレーン車で吊《つ》り下げられた十数条の爆竹が一斉に炸裂《さくれつ》し、舞台上ではチョゴリ（朝鮮民族衣装）で着飾った新郎新婦や双方の両親、兄弟姉妹が民族音楽に合わせて楽しく踊り舞った。

四百人近い列席者の見守る中、新夫婦は双方の両親に両膝《ひざ》を折って最敬礼をした。きょうまで育ててもらったお礼と感謝の思いを言葉を尽くして述べ、乾杯を重ねる丁重な儀礼の後、祝宴となった。

このような良き伝統が堅持されている様子を見ると、それを捨て去ろうとする日本の現状をどう考えればいいのだろうか。現代流の個人の自立や尊厳は、親との絆《きずな》を深く自覚し、親神様の守護によって生きているという人間存在の根底に立脚してこそ、ほんものとなるのではないか。それゆえに、東北アジア特有の祖先崇拝や親孝心には大変重要な意味がある、と私は思うのだが。

八月二日の午前、新郎の両親宅で講社祭を勤めた。新夫婦や両親、親族と共に、賑《にぎ》やかなおつとめができて、ありがたいことだった。

三日の午後、同じ省内の牡丹江《ぼたんこう》空港から首都・北京《ペキン》へ飛んだ。現在、飾大《しきたい》分教会に住み込み中の留学生Bと北京空港で落ち合い、二年ぶりに帰省するBの故郷X市へ行くためである。

Bの両親は三年前におぢばへ帰り、別席を運んだ。そのとき、戦前のX市には天理教の教会があり、日本語学校を併設していたことが話題となった。私は、Bの両親に教会や学校のその後の調査を頼んでいた。

X市は現在、人口三百万の大都市だが、戦前の町名や街路の名称も、街の様相も一変して、教会についてはなんの手がかりも得られないとのことだった。

ところが、北京空港で乗り継ぎ便を待つ間、Bが父親に連絡をとると、この日の朝、かつて教会のあった場所の、おおよその見当がついたという。私は二泊の予定でX市の空港に降り立ち、B父子と街中を歩いた。

偶然が偶然を呼ぶというべきか、Bと父親は何人もの街の人に語りかけ、尋ね回り、ついに六十数年前の教会の、ごく一部だが確実な形跡を見つけ出した。炎天下、数時間も尋ね歩いてくれたこの父子の真実に、頭が下がった。

さらには、日本語学校で二年間学んだという八十四歳の男性と八十三歳の女性に会うことができた。不思議の一語に尽きる。この出会いにも、何かをやの深い思召《おぼしめし》が込められているように思えてならなかった。

二人の老人は、すっかり日本語を忘れていたが、六十数年前の日本語学校の様子を断片的に語ってくれた。貴重な話だった。その中で、学校近くにあったはずの教会のこと、天理教に関することは、二人とも記憶の片鱗《へんりん》もなく、私は複雑な思いに沈んだ。

それは、六十数年という歳月、八十歳を過ぎた齢《よわい》が、記憶を完全に消し去ったということか。それとも、心や記憶に刻み込まれるような経験や知識のかけらも与えられなかったということか。教会と学校は一体と考えられるので、私は、私たちの先輩のご苦労を偲《しの》ばずにはおれなかった。果たして、この見聞を通し、をやは私に何を教えようとされているのか、考えざるを得なかった。

よふぼくである私が、子や孫を含む後々の人に伝え遺《おく》るべきものがあるとすれば、それは布教の手段や方法にこだわらず、一途《いちず》にをやの思召に応《こた》え、たすけに努力して通った生涯、これこそ時間や空間を超えた最高の〝遺りもの〟となるのだ、と教えられたのではないか、という思いに至った。

八月六日、台風のため予定より一日遅れで上海着。二カ所で講社祭を勤め、九日夜、教会に帰着。

予定変更や予想外の見聞の連続だったが、思召の一端を学び、心はさらに燃えた。

教祖百二十年祭の年

【立教一六九年一月—十二月】

をやの自由のおはたらきを頂いてこそ

いよいよ教祖百二十年祭が勤められる。

私にとってこの三年間は、まさに感動と感激の連続であり、をやの自由《じゅうよう》のおはたらきを現実のもの、身近なものとして如実《にょじつ》に体験させていただき、お連れ通りいただいた、ありがたい年祭活動であった。

しんぢつの心を神がうけとれば
いかなぢうよふしてみせるてな　（五　14）

人間の心一つの理によって、をやの自由のおはたらきを受けることができるのだと、入信当初から聞かせていただいて、そんなよふぼくになりたいと長年念願してきた。

また、かかるよふぼくが多数輩出することによって「世直り（世界たすけ）」が進展するのだと、胸ふくらませて歩んできた。

いま、ようやくそこに至る確かな道を具体的に教えていただいたと思うし、その喜びをバネに、さらなる一歩を踏み出させていただきたいと心が勇む。

思えば、私自身の微々たる行動にもかかわらず、をやはそれを「しんぢつの心」と受け取られたのか、思いもよらぬ自由のおはたらきをもってお連れ通りくだされている。

前にも少しふれたが、『諭達第二号』のご発布から一カ月半後、中国の上海《シャンハイ》市と南《なん》昌《しょう》市で神実《かんざね》様をお祀《まつ》りさせていただいた。現在、中国各地の五カ所で講社祭を勤めさせていただいており（平成十八年七月に六カ所目の講社が誕生〈16ページ参照〉）、よふぼくもお与えいただきつつある。これこそ「いかなぢうよふしてみせるてな」との思《おぼし》召《めし》の一つの現れとしか考えようがない。

ところで、立教一六七年（平成十六年）の十月二十八日、異例ともいえる「教祖百二十年祭直属教会長おやさと集会」が開かれ、真柱様のお言葉をはじめ両統領の訓話では、よふぼくの心の立て替えが強調された。それは、教会長をはじめよふぼくたる者は、よふぼくの使命である布教に執念を燃やし、実動するということではないか。つまり、諭達はあくまでも「実動するよすが」としてお出しくだされたもので、実動してこそお心に応《こた》えさせていただけるのである。

これを機に、私は私の実動に、より一層拍車をかけた。

縁もゆかりもない中国福州《ふくしゅう》市で、一がけから布教を始めさせていただいたのである。私の心の立て替えの証拠（本気で受けとめさせていただいた決意の行動による表明）であった。お道本来の教えである〝身をもって行う〟ということだ。

やがて、私が予想もしなかった布教の展開という自由をお見せくだされ、現在、日本語学習班（ひのきしんによる日本語学習塾）の開設や、不思議な出会いによるにをいがけの機会を頂くなど、をやは先回りしておはたらきくだされている。

人口二百万の福州市では、昔からあちこちに温泉が湧《わ》き、市民の憩《いこ》う安価な浴場がある。過日、私は一人で出かけてみた。生活習慣も日本といささか異なるので、裸になったものの戸惑っていると、私の傍《そば》を通りかかった一人の男性が「あなた、日本人？」と日本語で声をかけてきた。そのひと言がきっかけとなり、彼と一緒に湯に浸《つ》かったりしながら、三時間近くもお道の話をさせていただいたのである。実に楽しいにをいがけであった。

その後、彼の家族や友人にもお話しさせていただけるようになり、いまも家庭訪問を続けている。

このような展開は考えてもみなかったことであり、私の力でできるものではない。福州市の住民の中で、少しでも日本語を解する人と出会うことは、それこそ暗夜に人を探すような、きわめて難しいことである。にもかかわらず、そんな彼から温泉浴場で声をかけられ、裸の付き合いができたことは、をやの自由のおはたらきと言わずして何であろうか。不思議やらありがたいやらで、涙が出るのである。

これは何も中国に限ったことではない。私が布教に赴《おもむ》く台湾やマレーシアでも同様であり、日本国内においても、をやのおはたらきは一層顕著である。
誰《だれ》しも願う布教の伸展や、教会内容の充実強化も、をやの自由の守護を頂くことが大前提であり、必須条件である。そのためにどうすればよいか、という根本的志向を見失ってはならないのではないか。

をやは「しんぢつの心を神がうけとれば」と明言されている。

さあ〳〵実《じつ》を買うのやで。価《あたい》を以《もっ》て実を買うのやで。（明治20・1・13）

と仰せになって、急《せ》き込んでおられる。ここに、心の向きを集中させたいと思う。

かりそめにも〝ご守護がない〟と言《こと》の葉《は》にのぼらせることは、よふぼくとしての生き方が中途半端か、あるいは〝私は真実を出していない〟と言っているのと同義ではないか、とさえ思われる。をやは必ずおはたらきくださるのだ。をやを誠にして通らせていただきたい。

私は、このたびの年祭活動によって、私自身の目指すべきよふぼく像を策定《さくてい》する好機を与えていただいたように思う。ありがたいことである。

神が受け取る〝真実〟とは何か

月日よりたん〳〵心つくしきり
そのゆへなるのにんけんである　（六　88）

このよふのほんもとなるのしんちつを
しいかりしよちせねばいかんで　（十二　139）

この世の本元は、人間は親神様によって造られ、守護され、お連れ通りいただいているという「しんちつ」である。「元の理」によるまでもなく、親神様はいかに「心つくしきり」、今日の人間にまでお育てくだされたことか。おそらくお道の信仰者で、これに疑念をはさむ者はあるまい。この道の信仰の最も根源的な信条である。

近年、ミクロやマクロの世界においても、その科学的進歩とともに、創造者である神の偉大さ、絶大さ、不思議さが薄紙をはがすように次第に明らかにされつつある。その偉大なる親神様が、深遠な思惑《おもわく》のうえから、教祖を通してこの世の「おもて」に顕《あら》われ、「このよふのほんもとなるのしんちつ」を説き明かされたのが、お道の教えであり、それを素直に忠実に一人ひとりが心に治めて実践するのが、お道の信仰者であろう。

こんなことはあらためて述べるまでもないが、この根本的信条信念が、いま揺らぎつつある、あるいは魂に打ち込まれていないのではないかと危機感を持つのである。

このたびの教祖百二十年祭活動は、かかる根本信条をもって布教する〝ほんものの信仰者〟になるかどうかという一つの試金石でもあると私は考えていた。また、世上の人々も、このような時代にそんな信仰者がいるのかと冷ややかに眺《なが》めているふしもあったのではないかと思われる。どういうわけか私の周囲では、百二十年祭が執行される事実さえも知らない世上の人が、過去の年祭に比べてきわめて多いように感じた。

これは何に起因するのだろうか。

さて、これまでに何度もふれたように、私自身は、「しんぢつの心を神がうけとれば　いかなぢうよふしてみせるてな」（五　14）というをやのおはたらきを頂く確実な道を具体的に教えていただき、感動と感激のうちに三年千日を通らせていただいたと思う。その中で、神が受け取るといわれる「しんぢつ」とはいかなるものか。私のささやかな布教実績を踏まえつつ述べてみたい。

忘れることのできない立教一六三年（平成十二年）六月二十六日、本部月次祭祭典中に、をやは、かんろだいに厳しく大きな節を見せられた。そして翌年（二〇〇一年）九月十一日には、ニューヨークの超高層ツインビルがテロによって崩れ落ち、世界中で「アメリカの力と繁栄のシンボルの崩壊」と報道された。この日からアメリカが、世界が大きく変わっていった。

人間創造の元のぢばに据えられた、お道の信仰のシンボルともいえるであろう、かんろだいに大節を見せられたとき、私は衝撃を受けるとともに、お道は大きく変わる、変わらねばならぬとのをやのお急《せ》き込みを痛切に感じさせていただいた。まず、何はさておき、私自身の変革を本気で決意した。改善や手直しでは革《あらた》まらないからだ。

真柱様のお言葉を本気で聞かせていただき、即実行することから始めた。年祭活動三年千日前年の「心の下地づくり」も、その一つであった。

そして『諭達第二号』のご発布から一カ月後、〝中国で布教を始めよ〟と現実が動いてきたのである。福州市《ふくしゅう》での単独布教も然《しか》り。とにかく、お言葉を受け、本気になって直《ただ》ちに身に行うこと。をやは、このことを具体的な布教の実《じつ》を見せながら教えてくださるように思った。これは「しんぢつ」の大切な一面ではないかと受けとめている。

飾大《しきだい》分教会では最近、次々と新しい人たちが住み込むようになった。お道のうえに〝役に立つ〟までには時間がかかる人が少なくない。皆、厳しい日課をこなしながらつとめているが、その中から「布教の家」に入る者、毎日にをいがけに出る者もお育てくださるのである。

あるとき、住み込んで間もない一青年が、身体《からだ》の不自由な男性（44歳）を連れてきた。その日から住み込むことになったが、ほかの住み込み人と同じことができず、正座はもちろん胡坐《あぐら》もかけず、イスに腰かけるのがやっとであった。正直〝お荷物〟という思いが頭を一瞬かすめたが、をやのなさることだと一同で丹精に努めた。

六カ月後の昨年春、付き添い人と共に修養科に入らせていただいた（彼を連れてきた青年は、すでに途中で挫折《ざせつ》）。その二カ月目ごろから、障害のある部分に徐々にご守護を頂き、「本部神殿で二十四年ぶりに正座ができました」と涙ながらに電話をかけてきたのである。そして、おさづけの理を拝戴《はいたい》し、修了後は二カ月ひのきしん隊にも参加させていただいた。

本人が喜んだのは無論だが、おぢばの理、をやのお慈悲を、現実の姿をもって如実《にょじつ》にお見せくださり、さらには成ってくる理をただ一途《いちず》にたんのうし、喜びをもって思《おぼし》召《めし》を立てきって通ることが「しんぢつ」の大切な一面だと教えてくださったのである。

をやへの絶対の信頼、をやを誠にして通ること、これこそ教勢伸展の大前提、不可欠の条件であると私は確信している。

何のために信仰し布教するのか

教祖百二十年祭の年とは、どんな年になるのだろうか。国内はもとより世界各地から、教祖をお慕いする大勢の帰参者で、おぢばはさぞ賑《にぎ》わう一年となるであろう。

そしてまた、年祭活動三年千日の結果が、いろいろな形で現実の姿となって現れるとともに、立教以来百七十年近いお道の歴史の総決算として、国内だけでなく世界において、お道の存在価値や存立の理由を、あらためて問われる年にもなるのではないだろうか。

これは世上の目がどうこうというのでなく、私たちお道の者が自らの信仰を、をやの思召《おぼしめし》を基準として総点検・総括すべきことである。そして「何のために信仰しなければならないのか」「何のために、わが命燃え尽きようともたすけをしなければならないのか」と自らの心に問い、胸を張ってこれに答えたい、主張したいと思うのである。

信仰者の共同体としてのお道全体の、いわば背骨ともいうべきものをピシッと伸ばすことが、世界に対しても、もちろん教内全体にとっても大きな意味があると思う。わけても、このたびの年祭は、私の経験した七十年祭以降の過去の年祭以上に、そのことの重要性と必要性を痛感させられるのである。こんな骨太な発想や誇張した表現を敢《あ》えてするのも、時代状況としての世界や日本が、そしてまた本教が〝非常時〟のただ中にあると思うからだ。

ところで、ある説によると、衰退社会の一般的な兆候としては、自分の生活に直結する話題にしか興味が持てず、「情緒化」「合理性の放棄《ほうき》」といった傾向が一段と強くなるという。このことを、私のいつもの癖《くせ》で、わが身に引き寄せて考えてみるとき、さまざまな感慨が湧《わ》き起こってくるのだ。

常日ごろ、未信の人やよふぼく・信者のおたすけでは、暮らしの具体的な悩みや関心事を話題にして丹精させていただくのは当然のことだが、この道のたすけの神髄である「元を教えてたすける」（『諭達第二号』）までには至らず、悩みの解消に満足し、その場のおたすけで事成《ことな》れりと考えていたことが多かったのではないか。元を教えるという、筋道を立てる（合理性）丹精の大事さへの自覚が足りなかったのではないか。これは、わが身わが家のたすかりという個人的レベルで足踏みしてしまう、信仰の質や丹精のあり方に問題があるからであり、「情緒化」や「合理性の放棄」の一面でもある。

また、わが教会に役立つ人材という視点でよふぼくを評価し、をやに真実を尽くすという真の心の成人への意識が希薄ではなかったか。これは、あるべきよふぼく像や教会像が明確に自覚されていないということであり、「合理性の放棄」につながる信仰の質や丹精のあり方の問題でもある。

〝そんな小難しい話はやめて頑張ればいいのだ〟というつぶやきが聞こえてきそうだ

が、これこそ典型的な「情緒化」であり、衰退する社会の兆候と軌を一《いっ》にする姿ではないか。自らの存立基盤から目をそらす習慣を、いつしか身につけてしまっているのではないだろうか。

　私自身の経験からすれば、それは一人ひとりの、親心を求め、道を探究する態度や精神に問題があると言わざるを得ないと思う。をやを誠にして通るという、をやへの絶対の信頼に欠けるところがある、ということだ。このたびの年祭活動を通して、私はそれを、をやから教えていただいたと思っている。届かぬ私ではあるが、どこまでをやを誠にして通らせていただけるか。覚悟を決め、その具体的指針として、真柱様のお言葉を頂いたら即実行する、ということであった。

　前にもふれたように、「直《す》ぐと受け取る直ぐと返すが一つの理」（おかきさげ）のお言葉通り、をやのおはたらきをまざまざと見せていただけるのであった。この「果てしない親心」の一端にふれさせていただくとき、身も心も勇躍、布教せずにはおれなくなってくるのだ。

人間の本音の本音というものは、たとえ余命いくばくもない寝たきりの高齢者であっても、一日でも長くこの世にいたいという生への執着があるものだ。そのことを、おたすけ現場で経験するたびに、私は、教祖が「子供可愛《かわ》い故《ゆえ》」に、二十五年先の定《じょう》命《みょう》を縮めてまでも、なんとしても人間の心の立て替えをさせねばならぬとて、自ら現《うつし》身《み》をかくされたことを思う。そのお心を思えば、教祖年祭が執行されるこの年こそ、心あるよふぼくは、本気で布教に取り組ませていただきたいものである。それがせめてものご恩報じとなるのではないか。

「何のために信仰し、何のために布教しなければならないのか」と自らに問うとき、私は「このをやに喜んでいただくためには、布教せずにはおれない。たとえわが命燃え尽きようとも、このお心にお応《こた》えしなければならないのだ」と宣言したいと思う。

これは、心の立て替えをせよ、と急《せ》き込まれる思召に対し、従来の信仰の質的転換といえばよいのか。あるいは、お道本来の信仰の復元といえばよいのであろうか。

いま「教会とは何か」が問われている

思えば、今から二十数年前、異境の地・台湾で布教を始めて間のないころだった。思うにまかせぬ布教に、いささか気の滅入《めい》っていたとき、台北《たいほく》市街の繁華街の一角に、お道の教紋と、天理教と大書された看板を見つけ、胸を突かれる思いをした記憶がある。「ああ、ここでも胸を張って布教している同志がいる」という励ましを受けたように思った。

いまでこそ台湾は異郷という感覚は薄らぎ、〝おとなり〟といってもよいほどだ。私自身がそれこそ数えきれないほど、この地に足を踏み入れ、また、台湾からも数多くの帰参者をお与えいただくようになった。だが、お道の布教はまだまだ、というより、これからという思いである。

国内においても、天理教を知らない人はいないであろうが、神一条の信仰の一端にでもふれた人は、まだまだ少ないという厳しい現実である。

お道は世界たすけを目指し、布教する集団である。その光栄にして重要な役割を担うのが教会であることは、いまさら言うまでもない。教会の生命とも言うべき布教に、すべて集中して事を計り、事をなしていきたいものである。

たとえば「教会は、神一条の理を伝える所」(『天理教教典』第九章「よふぼく」)という場合、具体的な布教への熾烈《しれつ》な関心と行動、すなわち、をやへの絶対の信頼と、をやの切なる思召《おぼしめし》たる布教の具体的行動にしっかり裏打ちされてこそ、神一条の理を生き生きと伝えることができるのであり、文言の説明だけでは伝わらないばかりか、反発されるほどに、現代は猜疑《さいぎ》と不安の心が渦巻いているのだ。

誤解を恐れず率直に言えば、世上がどう思うかという気遣いや遠慮は無用無益であり、天理教と堂々と自己主張することが必要であり、大事なことだ。布教に対する確固とした姿勢を失ってはならない。

ちなみに、昨年（平成十七年）十二月二十六日、ありがたいことに、台湾にて飾大《しきだい》台北《たいほく》教会のお許しを戴《いただ》いたが、布教所開設時より、はじめにふれた繁華街の一角に大きく掲げられた看板に刺激され、それを見習い、教紋と天理教の看板を表面に出して通らせていただいている。

国内海外を問わず、胸を張って布教するのが当然である。

いつもわらはれそしられて
めづらしたすけをするほどに　（三下り目　5）

というお歌は、いつの世や社会状況にあっても、いささかも変わらぬ真実である。社会通念や時代思潮からすれば、お道の信仰は、時には嘲笑《ちょうしょう》やそしりを受けようとも、をやへの絶対の信頼のうえに立ち、反時代的な言動も敢《あ》えて辞さない覚悟で通りたいものだ。

教会は布教の最先端である。一日二十四時間、いついかなる時も、たすけのために門戸は開いているようにしたい。おたすけに「待った！」はないし、営利目的のビジネスではないからである。

私の父（飾大分教会初代会長）は、おたすけには厳しかった。何かの直会《なおらい》などでお酒が入っていたときに、急遽《きゅうきょ》、おたすけに出かけなければならない折には、わざわざ口に手を突っ込み、嘔吐《おうと》して酒気を抜き、それから出向いていった。「お酒が入っていると分かると、先方さんは真剣に聞こうとしない。一杯機嫌でのお話か、ということになる」と言っていたので、私は子供心に、おたすけの厳しさを教えられた記憶がある。

私は教会長を拝命するとき、苦労も経験も乏しく、教理の理解も未熟ゆえに、会長就任はまだ早すぎると固辞していたが、「会長になって苦労させてもらえ。一生懸命布教に励んでいる姿に、みんなが納得し喜んでくださるのだ」と、会長である母親から言われ、二の句が継げなかった。

五年前に長男と会長を交代する際、この母親の言葉が偲《しの》ばれ、ただひたむきに苦労させていただくのが当然と思って、四十二年間務めさせていただいたことをそのまま息子に語ったが、母親の言葉通りであったと、あらためて実感させていただいた。

そして、いま思うことは、よふぼく・信者の家庭の平和や幸せが達せられて、それで事成《ことな》れりとするのではなく、お道の信仰の独自性たる神一条の精神を、末代かけて守り抜く努力をする不動の心を持てるよう、丹精させていただきたいと思う。未来の世代の安穏《あんのん》を願うにとどまらず、信仰者としての資質を心の内に育て上げたい。それがまた、会長として大切な御用であり、教会の理は末代という思召に適《かな》う道でもあろう。大切なことは信仰の質といってもよく、それがお道の将来を左右するのではないか。

をやへの絶対の信頼を強固にしていくことが、〝ほんものの信仰者〟の生き方であり、教会が神一条の理を伝える所となり、世界たすけへの確実な一歩を進めることになるのだ。たとえ地を這《は》うような一歩であろうとも、質実な歩み以外に、世界たすけのどんな道があるというのか。

教会はほんものの信仰貫く運命共同体

いずれの教会でもそうだと思うが、私が教会長として四十二年間務めさせていただいた飾大《しきだい》分教会にも、なかなか強烈な個性を持つよふぼくが生まれ育ってきた。その丹精は厳しくもあるが、半面楽しくもあり、次第に心の成人をする姿を見る喜びは、会長冥利《みょうり》に尽きるというべきか。

ある婦人は、何が意に沿わなかったのか、「神様を返す」と言い張り、初冬の真夜中二時ごろ、教会の玄関先にタクシーを乗りつけ、お社《やしろ》ごと返しに来た。かなり酩酊《めいてい》していたが、持ち前の激しい気性のうえに酒の勢いを得て、こんな挙に出たのであろう、積もりに積もった不満が爆発したのだ。

私は申し訳ないと思いながら、ただ相手の言うことに聴き入り、なすがまま見守るしかなかった。

「神様を返されるというのは、それは残念なことだ。だが、明日早く、この神様をまた鎮《しず》めに行かせていただきましょう」と、私は言った。

このひと言で、婦人は泣きだした。「そこまで私のことを思ってくださるのか」と、その場にひれ伏されるのであった。

翌日、私はその婦人宅へ行き、あらためてお鎮めさせていただいた。「会長さんのお心にふれさせていただきました。こんなわがままな私ですが、見捨てずに連れて通ってください」と告げる婦人に、私の目頭《めがしら》は潤《うる》んだ。心の琴線《きんせん》にふれた思いであった。

それからの婦人は、手のひらを返したように真剣な信仰者となり、有力なよふぼくとなった。心の底に言いようのない不安と孤独感を抱いていたのだ。会長はどんなことがあっても見放しはしない。苦楽を共にして歩もうというこちらの心を、肌に感じ取ってくれたのだ。

一つの教会につながる会長やよふぼくは、親神様の計り知れない深い思召《おぼしめし》からご縁を頂いているのであり、いわば運命共同体である。しかしながら、難儀不自由さそうというをやはいない、この縁を通してたすけてやりたいという、をやの切実な願いが込められているという親心が、なかなか納得できない場合が多い。

私自身、ずいぶん苦しんだ時期があった。をやから与えられたご縁ではないか、をやの思召を立てきって通ることが、この道の信仰であり、私の信条ではないか——と思うにつけ、次第にこのご縁をたんのうできるようになった。たすけていただいているのだと、いまは実感させていただいている。

これは夫婦、親子の縁、また上級と部内教会の縁も同様であろう。

をやからお許しいただいた教会を通して、真実を尽くすようにご縁を頂いている会長であり、よふぼく・信者であるが、好き嫌いや意に沿わぬというわが身の都合で、この縁を拒否することは、をやを否定することになるのではないか。をやの思召を立てきって通ること、すなわち、成ってくる理をたんのうするところに真のたすかりがあろうし、いかなる場合も、この原理原則を曲げないという覚悟のもとに、わが心を革《あらた》めていきたいものだ。

さて、「どうでもしん〴〵するならバ　かうをむすぼやないかいな」（五下り目　10）のかうとは、ほんものの信仰を貫くための講あるいは教会であると教えられる。

先日、ある教会長が「御用（教内のさまざまな務め）のために、おたすけに行けない」と平然と話すのに、私は暗然とした。お道全体も一つの組織ではある。そして組織と個人、全体と個という問題は、どんな組織にもまつわりつくものだが、このお歌は「どうでも信心するための組織」であり、「信心を向上させるためのかう」であると言われているのである。

私のささやかな経験だが、御用を完璧《かんぺき》に果たすためにも、布教にさらに拍車をかけて通らせていただくと、より一層布教の実《じつ》があがるのだった。もちろん、心身ともに多忙となり、二倍三倍の動きをしなければならない。その覚悟がなければ、どちらも中途半端に終わってしまうのだ。両々相まってということであろう。御用繁多《はんた》を口実に、布教を疎《おろそ》かにしたくないものである。

ところで、近年の電子メールやインターネットの普及によって、かえって教会の月次祭や朝夕のおつとめ等、その重要性に新たな光が当てられているように思う。

おつとめは、人間として与えられている全機能（心と体と行動と声など）を働かせ、陽気ぐらしを願うきょうだいの自覚と和をもってをやに祈念する、まさに人間としての全存在を傾注する行為である。便利さを追求すればするほど、情報量が日増しに拡大すればするほど、人間としての原点、全人的な意味が問われるようになり、その点でも、おつとめを勤める意味が一段と光り輝くのではないか。こうした観点からも、おつとめの意味が深まり、喜びの種にもなるであろう。教会でのおつとめを真剣に勤めさせていただきたい。

教会とは、世界たすけの最前線だということを、あらためて自覚し実践したいものである。

「次への出発点」の土台づくりとは

あっという間に過ぎた三年千日であったが、教祖百二十年祭における神殿講話で、真柱様から「次への出発点の土台となる有意義な年となるように」とのお言葉を頂いて、私の心は不思議と温《あたた》まり、安らぐ思いであった。

というのも、年祭活動の心定めや目標達成に懸命に取り組み、それこそ思いもかけぬをやの自由《じゅうよう》のご守護を数々お見せいただき、喜びと感動の連続であったが、また一面、目標達成にはほど遠い項目もあって、申し訳ないと思いながら一月二十六日の年祭祭典を迎えさせていただいたからである。

達成できなかった目標については、引き続き努力させていただく決意を固め、また、この年祭活動を通して、新たに芽生えてきた目標の策定《さくてい》に、大いに気力が漲《みなぎ》ってくる思いである。いわば「次への出発点」の土台づくり、新たな布教の展開を心に期して、胸が躍るのである。

即刻直ちにわが身に行う

さて、をやの自由のおはたらきを頂いてこそ、布教はもちろん、お道のすべての事態が進展することは、あらためて言うまでもない。その種となるのが私たちの真実である。

　しんぢつの心を神がうけとれば
　いかなぢうよふしてみせるてな　（五　14）

ということは、理の当然である。

をやに受け取っていただく真実の具体的な道の一つとして、私自身が身にしみて学んだことは、時旬の理について真柱様の思召《おぼしめし》を聞かせていただいたならば、それを即刻直《ただ》ちに、正念を入れてわが身に行うということであった。

一月二十六日、教祖百二十年祭神殿講話での真柱様の思召を、誰《だれ》しもそうだと思うが、私は格別の緊張感をもって聞かせていただいた。

以下は、私流のお言葉の受けとめ方であるが、精いっぱい素直な聞き方をしたいと努力したつもりである。

「年祭という節目を機に、これまでのつとめ方をいま一度振り返り、目標を見据え直し、心新たにをやの思いにお応《こた》えする道」を共に歩もうと、真柱様は仰せになった。

これは、まことに重大な思召が込められているお言葉であると思う。

これまでの歩み方を総点検しなければならない、と仰せになっているように、私には思えたのである。

教祖ひながたをまねぶとは

私はご縁を頂き、二十数年前から主として東南アジア地域でも布教させていただき、今日に至っているが、お道の海外布教も長い歴史があるとはいえ、私のささやかな経験を通して見る限り、お道はいまだアジアの一地域である日本のローカルな宗教の一つ、というくらいの印象しか一般には持たれていないようだ。

これは布教活動の領域のことではなく、お道の独自性たる神一条の信仰が刮目《かつもく》されていない、あるいは、いくらかは根づきつつあるとさえも考えられていない、ということではないか。

そしてまた、国内においても、をやの思召からすれば、世界たすけの着実な前進いまだし、というのが現実ではないか――このことが、私の反省点の主たる柱である。総点検しなければならない、と痛感する所以《ゆえん》である。

真柱様の仰せられる「これまでのつとめ方をいま一度振り返り」とは、世界たすけというをやの大願からすれば、をやにお喜びいただくどころか、まずは、うなずいていただけるようになる根本的な反省が必要なほどに、信仰の元一日にかえることが不可欠であるほどに、厳しい現状だということではないか。

「目標を見据え直し」も同様である。なんのために信仰するのか、という信仰の原点に立ちかえらねばならないのである。また「つとめ方」（筆者註＝信仰のあり方、通り方）に人間思案が混じり込んでいないか、自分中心のつとめ方になっていないかなど、不純なものを排除することも考えねばならないだろう。

「これまでのつとめ方」を革《あらた》め、をやに教えていただいているつとめ方を心新たに求め、思案し、心を定め、実行するということである。それは、教祖のひながたをまねぶということであろう。その点については、大方は承知をしているはずであるから、ひながたの何を学び、何を実践するかを、現状に照らして確認しなければならない、ということであろう。

教祖のひながたを学ぶとき、親神様の思召を立てきって通られた教祖の凄《すさ》まじいまでの道すがらが、私たちの胸に迫ってくる。その立てきられ方、その純粋性について、たとえば「貧に落ち切る」こと自体に重大なご神意があることも明らかだが、思召だからこそ、思召であるがゆえに、断固としてお通りくだされた道すがらがあるのではないか、と私は考える。ひながたをまねぶことの重要な柱の一つは、現代においてこそ、このをやの思召を敢然《かんぜん》と立てきって通ることが必要なのだと思う。

かつて私は、教祖のひながたをまねぶべく、私なりの「貧に落ち切る」通り方を実行したことがある。これに続く「屋敷の取り払い」「母屋《おもや》のとりこぼち」となると、私には到底できることではなかった。教祖のひながたを学ぶのは、道すがらそのものをまねるのではなく、道すがら全体に一貫して通底している「思召を立てきって通る」通り方こそ、私のような届かぬ者でも、心一つで実行できることに気づき、私はひながたをまねぶうえで勇気づけられる経験をしたのである。

教祖年祭の元一日たる明治二十年陰暦正月二十六日においても同様であろう。教祖はどこまでも徹底して親神様の思召を立てきって通るようにと「心を定めて、自ら進んで実行することをお求めになった」と、真柱様はご指摘になっている。

私は、をやのこの切なる求めにどれほどお応えすることができたかと思うと、まだまだその不徹底さ、覚悟の甘さを深くお詫《わ》びしなければならない。

真柱様は「道の行く手を思う親心ゆえのお仕込みだと思わずにはおれません」と、道の将来を憂慮される、実に意味深長なお言葉を述べておられる。をやの思召を立てきって通ることに集中する以外に、どんな再生の道もないということであろう。

また「目標を見据え直し」と真柱様は仰せになっている。私たちの新たな目標は、をやの思召を立てきって通るということ、それを直ちにわが身に行うという一点に集中することにあるのではないか。目標の見据え直しには、実行のどこに力点を置くか、実行の優先順位を誤ってはならない。このこともまた、思召を立てきって通るうえでの大切な配慮である。

私はささやかながらも、ほかの課題を除外してでも、最優先課題として布教に精神を集中させたいと願い、私の年祭活動における目標達成への継続および新たな布教活動の具体策をねり上げた。今回の年祭活動を通して、をやは私に、新たな布教の展開をお促しくだされていると、成ってくる理を通して悟らせていただいている。

待ち望まれる〝ほんものの信仰者〟

さて、新たな布教活動に取り組んだとしても、常識で考えると〝おまえは自分の年齢や体力からして、あと幾年（いや幾カ月か）やるつもりか〟という思いが一瞬、頭をかすめることもある。だが、そんなことを考えること自体が、実は思召を立てきっていないのではないかと思い、動けなくなるまで働かせていただいたらいいのだ、と考えるようになって、気が落ち着いた。

思召を立てきって通るということについて、教祖が現身《うつしみ》をかくされる直前、まことに厳しいお言葉を述べておられるのを、私はあらためて学ばせていただいた。

これまで何よの事も聞かせ置いたが、すっきり分からん。何程言うても分かる者は無い。これが残念。疑《うたご》うて暮らし居《い》るがよく思案せよ。（明治20・1・4）

思召に沿いきれない根本原因は、をやを疑っているからだと、をやご自身が痛烈にご指摘くださっているのだ。をやの思召を立てきるとは、したがって「命捨てゝも」という決死の覚悟をもって実行することなのである。をやが求めておられる〝誠にして通る〟（「疑うて暮らし居る」の反対）ことのイメージが湧《わ》き上がってくるではないか。

事ほど左様《さよう》に、をやは、〝ほんものの信仰者〟を待ち望んでおられるということではないか。「これは、今日の私たちに対するお仕込みでもあります」と、真柱様がお述べくださっていることに留意したい。

まず布教現場に身を置く

ところで、私たちが「思案し、心を定め」たとしても、実際に「実行する」、すなわち、一人ひとりがわが身に行うという画竜点睛《がりょうてんせい》が、をやへの信頼、をやを誠にして通るためのキーポイントとなるであろう。

それゆえに、私はとにかく事成るか否《いな》かを考えず、布教の現場にわが身を置いてみることにしている。それが実行する第一歩なのだ。それが予想もつかぬ布教の展開となっていくことを、しばしば経験させていただいているからだ。

「次への出発点」の土台づくりをせよ、との真柱様のお言葉を頂き、私は早々に自らの目標と行動計画の策定、わけても、その基盤となる「つとめ方」の精神と気概、すなわち思召を立てきって通る基本として、真柱様のお言葉にお応えする第一歩を踏み出せる喜び、心の温まりを味わわせていただいている。

「年祭目指してつとめてきた成果を、一年かけて表そうと申し合わせてきました」と仰せいただくように、いま、年祭活動の結果は着実に現れつつある。

「まいたるたねハみなはへる」（七下り目　8）と教えられている。どんな種をどれほど蒔《ま》いたか。また、蒔かなかったか（何もしなかったという種を蒔いたか）。厳しいがゆえに、そこに深い親心が込められているのである。

　届かぬながらも、年祭活動の一環として新しく布教を始め、種を蒔かせていただいた各地（国内・海外）から、新しい芽が順調に勢いよく萌《も》え出る姿を見せていただきつつある。ありがたく嬉《うれ》しい限りだ。その実情を踏まえ、「次への出発点」の土台づくりに努めたいと心も勇む。

これは、思召にお応えする私のささやかな第一歩であるが、これを実行すれば、を、、やは間違いなく自由のおはたらきを見せてくださると、私は確信している。

その出発進行の時の到来を待ち望んでいるのが、ただいまの私の心境である。

「有意義な一年」とさせていただけるであろう。

私は私の信仰を総点検しなければ

教祖百二十年祭の年も半《なか》ばを過ぎた。真柱様の思召《おぼしめし》に応《こた》えさせていただこうと、国の内外を問わず帰参された多くの人々で、おぢばは活況を呈《てい》している。そしてまた、「次への出発点」の土台づくりに、教会長をはじめようぼくも、それぞれ自ら進んで努力している現在である。

そこで、「これまでのつとめ方をいま一度振り返り」との真柱様のお言葉を受け、年祭活動を通してをやから教えていただいた私の反省点を述べてみたい。

この三年千日というもの、結構なご守護の数々をお見せいただき、それこそ感動感激の連続であったが、半面、目標達成にほど遠い項目もあって、まことに申し訳ない、どうすればよいかと、お詫《わ》びの心も交々《こもごも》に、年祭のお言葉を聞かせていただいた。

その反省項目の一つに、マレーシアでの布教の問題があった。

第二部の初め（98ページ「〃ほんものの信仰者〃になりたい」）にふれた通り、二〇〇〇年五月、マレーシアでの布教公認（社団法人の認可）を得ることができ、百二十年祭活動の重要課題の一つとして、同国にある部内布教所の内容充実強化を目標にしていた。

事実、この三年間にさまざまな努力を重ね、取り組んできたのであるが、新しい動きもなく、いまも膠着《こうちゃく》状態が続いている。どうすればよいのか、何か欠けるものがあるのか、私は思案にあまった。

それ以外の国内や海外での活動目標が、結構にご守護いただきつつあったので、余計にをやの思召が分からず、心は焦るばかりであった。

ただ、どういう訳か、マレーシアの関連から、東京や中国福州《ふくしゅう》市、ミャンマーのヤンゴン市に種が飛び散るように、ささやかではあるが、いろいろな動きをお見せいただいている。

だが、マレーシアはどうなのか。をやは私に何をお仕込みになっているのか、それを悟れずにいたのだが、「次への出発点」の土台づくりという真柱様のお言葉によって、私は心の安らぎを得たように思った。

すなわち、当面の私の願いであるマレーシアの布教所の充実が、思い通りに進まなかったならば、をやを誠にして、生涯かけて布教させていただくという私の心定めに揺るぎや隙間《すきま》が生じるような、そんな頼りない甘い心定めなのか。あるいは、いかなる事態が到来しようとも、定めた心に狂いや迷いはないかと、をやから再確認かつ念押しをしていただいているのではないか。「次への出発点」の土台づくりの最も大切な要《かなめ》は、この揺るぎない心定め、覚悟の定まりなのだと思うようになった。

もしや〝次〟は、現在よりさらに困難な時代や社会状況になるやも知れず、揺るがぬ心定めと確信に満ちた信条のもとに通るよう、をやはお仕込みくださっているのだと思えたのである。

また、年祭の年のおぢば帰りについても、当然のことながら、海外からの帰参者の丹精も進めている。なかでも、おぢばで三カ月伏せ込ませていただく修養科生を、国内は言うに及ばず、海外からも与えていただけるよう目標を定めていた。

たとえば、中国からは昨年どうにか一人お与えいただいたが、今年四月の中国語クラスの開講を目指し、昨年秋には五人の予定者が早々に決まった。旧正月（一月二十八日）を過ぎて、日本入国のためのビザ申請を行い、その発給を待ち望んでいたが、三月初めに二人にビザが下りたものの、残り三人は不許可となった。そして三月末、おぢば帰りを目前にして、ビザが下りた二人のうち一人が、突然の事情でおぢばへ帰れなくなり、結局、修養科生は一人となった。

私はいささか衝撃を受けた。厳しく難しい社会状況の中から、たとえ一人でも修養科に入ることができたことを喜ばせていただかねばならないと承知しながらも、思惑《おもわく》通りでなかったことをどう悟ればよいのかと、私は迷った。

これまた、私の未熟さゆえの迷いであり、目前の自分の思いが達せられなかったからとて、心を曇《くも》らせるようでどうするのか。をやの喜びをわが喜びとするよふぼくを志し、つとめ方を革《あらた》めてこそ、「目標を見据え直し」という思召に応えることになるのではないか。私は私の信仰の総点検をしなければならない、と痛感したのである。

布教することと道を求めることとは二つ一つ、別々のものではないといわれる。この三年千日の布教活動によって、私は実に多くのことを教えていただき、学ぶことができた。その中でも、をやに受け取っていただく真実の具体的な道とは、前に述べた如《ごと》く、「時旬の理について真柱様からその思召を聞かせていただいたならば、それを即刻直《ただ》ちに、正念を入れてわが身に行うこと」であった。それは、いかな自由《じゅうよう》をも頂く道であると確信する。

私は、この信条の普遍性を信じて〝次〟へ臨みたい。それは、限りなきをやのお心を求める求道であり、布教である。

をやの息子・娘たる自覚があるか

月日よりないにんけんやないせかい
はじめかけたるをやであるぞや　（十六　53）

月日にハせかいぢうハみなわが子
かハいいゝばいこれが一ちよ　（十七　16）

誰《だれ》しも親のない者はいない。さらには、人は皆ひとり残らず、真実のをやをもっていることは、なんと素晴らしくありがたいことではないか。

普通、子は成長するにつれ、肉親の親から自立し、その絆《きずな》は変わらなくても、独立した人間同士の関係になるのが自然である。

ならば、真実のをやと子（人間）はどうであろうか。

このをやの実在を知らず、知ろうともせず、それを当たり前と思っている人々がほとんどである。をやはそれを「こわきあふなきみち」「あわれ」と思召《おぼしめ》され、節（身上・事情など、をやと出会うためのさまざまな機会）を通してその姿を見せ、たすけをなされる。このをやを知らずして、陽気ぐらしは不可能だからである。

このをやを知れば知るほど、生きていることが嬉《うれ》しく、をやのためには、わが命燃え尽きてもご恩に報いたいと熱望する心が、おのずと湧《わ》いてくるのだ。

私は年を重ねるにつれ、日一日とその感を深くする。このをやにぜひお会いしようではないか。誰しもお会いできるのである。

そのためには、子である私たち人間が誠の心を出す、あるいは、をやを誠にして通ることで、まざまざとわが心に肌に感得させていただける。をやのおはたらきを頂けるということである。蒔《ま》いたる種はみな生えるのが天理であり、守護が現れたら信じようというのは、人間心のずるさ、怠慢、虫のよさではないか。

誠にして通るとは、をやを思い信じるというに留《とど》まらず、その思召《おぼしめし》を即実行するという、お道本来の教えである〝わが身に行う〟ことなのである。

前にもふれたことだが、私は、その具体的な道を鮮やかに教えていただいた。その一つの例が、年祭活動二年目の「直属教会長おやさと集会」で、真柱様をはじめ両統領から、ただいまの時旬の理として心の立て替えをお急《せ》き込みいただいたことだった。それに応《こた》えて、私は全く未知の中国福州《ふくしゅう》市で単独布教を始めた。そして、不思議な出会いによる布教の展開を見、をやが先回りしてはたらかれる世界を如実《にょじつ》に知ることができた。時旬の理について、真柱様の思召を聞かせていただいたならば、即刻直《ただ》ちにわが身に行うこと。この信条が、をやの自由《じゅうよう》のおはたらきを頂くことのできる具体的現実的な道であると教えていただいたのである。

余談めくが、ある若者は勉強嫌いで、高校一年の一学期で退学した。例に漏《も》れず、働いて銭《ぜに》を手にして遊び呆《ほう》けるうち、暴力団に引きずり込まれた。そこから抜け出るおたすけに掛かり、教会に住み込ませ、修養科修了後も二年余り青年づとめをさせた。

その彼を、台湾の布教所開設のひのきしんに、ほかの青年と一緒に十日ほど連れていった。これがきっかけで、猛烈に中国語の習得に励み、上達して、現在では海外布教の一員として張りきっている。勉強嫌いが嘘《うそ》のような革《あらた》まりようである。人の心の不思議さ、面白さである。正念が入った一つの証拠であろう。これもまた、時旬の理を頂き、思召にお応えしたいという心と実践からお見せくだされたおはたらきの一つの姿であると思う。

この真実のをやは、私の命の源《みなもと》であり、「かハいい、ばいこれが一ちよ」とて、あらゆる手立てをもってお育てくださる慈母であるが、時には身上・事情はもとより、「てんび火のあめ」、大津波、ハリケーンなど人間生活を壊滅させるほどの厳しい「いけん」「りいふく」も、「りいでせめたるせかい」であるがゆえに、敢《あ》えてなされる真実の厳父でもある。絶大な力をもつをやである。そのうえ、子である私が、をやへの絶対の信頼、畏敬《いけい》、従順、献身など、真実を尽くせば尽くすほど、をやとの絆はますます強靭《きょうじん》なものとなり、「神の方には倍の力や」（『稿本天理教教祖伝逸話篇』一一八「神の方には」）と仰せになる。私は、この偉大にして絶大なるをやの息子なのだ。息子たる自覚が生じると、心の底から元気が湧き、思考や行動に積極性が出てくるのだ。

私は〝不肖《ふしょう》の息子〟ではあるが、このをやの子であるという自覚をもつ「きょうだい」を、をやのおわすおぢばへ連れ帰らせていただくのが、とりわけ教祖年祭の年の切なる願いである。

誘われるまま何も知らずにおぢばの土を踏む人もいるだろうが、をやは温かくお迎えくださる。では、をやに喜んでいただくには、何をどうすればよいのか。をやの息子・娘たる自覚をもつ者は、これを常に念頭から離さず、おぢば帰りをはじめとする今後の歩みを進めたいと思う。

布教は、生涯にわたる私たちの最重要課題だ。をやの自由のおはたらきを頂くために、正念を入れ、をやを誠にして通るという心の立て替えこそ、直ちに実行したいものである。

総点検の〝地図〟に抜け道はない

「これまでのつとめ方をいま一度振り返り、目標を見据え直し」という真柱様のお言葉（教祖百二十年祭神殿講話）は、私の信仰の総点検をせよ、とのお仕込みと受けとめさせていただいている。そして私は、次への出発点の土台づくりの一環として、今回の年祭活動に留《とど》まらず、長年通らせていただいた信仰者としてのあり方をも見直したいと思っている。お言葉に忠実でありたいと願うならば、それは当然のことであろう。

たとえ大雑把《おおざっぱ》でも、総点検の見取り図というか、総点検に方向感覚を与え、私の所在位置を示す〝地図〟を策定《さくてい》しなければならない。その地図に従い、何のために信仰するのかという目的（地）などもあらためて確認し、私は如何《いか》なるつとめ方をしてきたのか、そしてまた、どのような長期・短期の努力目標を持ち、今後の歩み方を検討すべきかという自己認識も必要となるだろう。

　それは、私のつとめ方において我流や怠慢を正当化してこなかったかどうかを問い直し、私の信仰の元一日、信仰の原点にかえることが、その地図の基本的な策定構想であることは言うまでもない。

「世界一れつをたすけるために天降《あまくだ》った」との仰せは、この道は親神様が「おもて」に顕《あら》われ、神直々《じきじき》に創《はじ》められた「神一条の信仰」ということである。これが他に類例を見ないお道の独自性たることを、私はあらためて肚《はら》に据え、価値観、人生観、社会観などを含む私の心や生活のすべての判断や行動の基準とすべきは、もちろんである。

　ところで、学生時代を含む私の青年のころは、現在の状況と似ているところがある。国家や社会のあり方、また人間生活の目標をめぐって論議や行動が錯綜《さくそう》した戦後の混乱期であった。皆、空腹をかかえ、貧しい暮らしの中で論議に熱中した。真実の人生を生きたいという願望が、そうさせたのだ。

そして、知人のある者は左翼運動にのめり込み、ある者は経済至上主義的な生き方を選び、ある者は生きることに絶望して自ら命を絶った。私は早くから、この道に引き寄せられ、道一条で通ることを大学受験のときに決心していた。

敗戦により心身ともに病み傷ついた多くの若者は、共通認識として〝騙《だま》されないぞ〟とすべてに不信感を持ち、将来の人生の目的を自ら明確に認識したい、目標如何《いかん》によって自らの生き方が決まると思い込んでいた。また、事実そのようになった。

そのためか、私は何か事をなすに当たり、目標を鮮明に自覚したい意識が強い。厳しい現実に立ち向かうにつれ、それがより一層熾烈《しれつ》となる。それは現在でも同様であり、生涯そうありたいと思う。その時その場の短絡的な通り方は排したい。時流に流されてはならぬと思っている。

さて、神一条の信仰は、親神様の厳然たる実在を肚に据えてこそ成り立つ。『諭達第二号』では「この果てしない親心にお応《こた》えする道は、人をたすける心の涵養《かんよう》と実践を措《お》いて無い」と、きわめて明確に、年祭活動、ひいてはこの道の行動原理をお示しくださっている。それは、世界たすけという目標を達成するための方途《ほうと》である。

このをやの親心を、どこまで胴身《どうみ》にしみて承知しているかが、現在の私の最大課題であると理解する。地図上での私の位置である。

たとえば、私自身が世間と歩調を合わせ、大衆のニーズに遠慮し迎合して、わが信条を歪《ゆが》めていたことの多いのに慄然《りつぜん》とした。一人のよふぼくに修養科を勧めるのに、当人の家庭の都合に合わせて先送りしてしまう。万難を排する覚悟を促しきれないことなども、その一つである。厳しさがなくなるのは私の信仰姿勢。つまり神一条の信仰をどう承知しているかという問題でもある。

神一条の信仰に生命を与えるのは、をやを誠にして通るということであろう。誠にして通るといっても、その内実はさまざま。深さ強さも極まりない。私は私に与えられている心の自由《じゅうよう》を、深さも強さも、をやを誠にして通るうえでどこまで行使させていただけたかといえば、をやのご期待からすれば、申し訳ないの一語に尽きる。何のために自由の理が許されているのか、その親心を、私がいまだ十分に汲《く》み得ていないからではないか。

ところが、ささやかではあるが、三年千日の年祭活動に精いっぱいつとめさせていただいたことに、をやはさまざまなありがたいご守護をお見せくだされた。もったいなくも嬉《うれ》しい限りであった。これからも、さらに深く強く、誠にして通らせていただければ、どんなおはたらきをお見せくださるのかと思うと、限りなく胸が膨《ふく》らむのだが、それは私の欲であろうか。

私の信仰の総点検は、をやを誠にして通れという一点にある。これが信仰に生気を取り戻す鍵《かぎ》であり、そんな志を持つよふぼくを一人でも多く与えていただけるよう、引き続き、布教させていただきたい。これが私の総点検の結びだ。

世界たすけという目標設定には他のどんな抜け道もないと、地図は教えている。

「恩に報いる心」が布教意欲の源泉

平成十八年（二〇〇六年）三月三十一日付の日刊新聞一面のコラム欄に、「〝笑〟の巨人」といわれるコメディアンのインタビュー記事の一部が引用されていた。

「応援してくれる人がいたら、どんなバカでも、ヘタでも絶対に大成します。世話になった人には、お返しをしなきゃいけないでしょ。自分のために仕事をすれば、どこかで手を抜くが、『恩に報いる』心があれば、どんな子でも必死になって修業し成功する」という一節である。

私は好奇心を触発され、早速、新聞社に電話し、この文章の典拠をたずねた。

その夜、それは大衆向けの週刊誌（四月八日号）に掲載されているとの返答を頂き、私はその雑誌を初めて購入した。

恩に報いる心をバネにすれば、どんな人でも大成すると言いきるこのコメディアンの言葉には、彼の半生の重みが感じられた。また、私の持論と通底するところもあるので、わが意を得た思いであった。芸能の世界については不案内の私にも、その厳しさはおよそ想像がつく。

そして、恩に報いる心という、芸能とはなんの関係もないと思っていた人間の心の働きの美しさ、頼もしさという一面を、あらためて指摘された思いであった。

私はかねがね、お道の布教意欲や活力の源泉が恩に報いる心にあると考えていたので、彼の指摘に強い共感を覚えた。この報恩の心が、お道にとっても、いま特に重要なのだ。

このたびの年祭活動では、特に布教に力点が置かれ、「この果てしない親心にお応《こた》えする道は、人をたすける心の涵養《かんよう》と実践を措《お》いて無い」（『諭達第二号』）と、をやのご恩に報いたいという心をたすけ（布教）の実践の原動力とし、さあ布教に励もうと、真柱様が全教に呼びかけてくだされたのだと、私は理解させていただいていた。

その結果はどうであったか。さまざまな感想も聞かれるが、私が実感したところでは、「この果てしない親心」をどこまで心に治めているか、切実にわが身に感得しているかという、をやのご恩への認識と自覚、そして親心にお応えしたいという意欲がまだまだ薄く弱く、それゆえに報恩の心をバネにした布教に至っていないのではないか、というのが率直な感想である。

ちなみに、本教史上、特筆すべき教勢の一大伸展期であった明治二十年代について、一研究者が「これは、たすけられたという信者の共通意識があったからだ」と指摘していたことについては、前にもふれたが、この時期の布教活力の猛烈さは、ご恩に報いたいという信仰者の心の発露だという意味でもあろう。

先のコラム欄の中で、報恩の心をどうやって養えばいいのか、これは親には難題だとわざわざ言及していた。回答はなかった。

では、どうすればよいのであろうか。

このもとをくハしくきいた事ならバ
いかなものでもみなこいしなる　（一　5）

と、お教えいただいているが、「こいしなる」とはをやの心が分かり、報恩の心が湧《わ》き上がるということである。そして、をやを誠にして通るというこの道の信仰を身につければ、報恩の心は必然的に育成され、次第に熾烈《しれつ》になっていくのである。

もしも布教意欲が燃え上がらず、布教の実があがらないとすれば、それは布教のやり方（ノウハウ）や実践の怠慢という問題以上に、この報恩の心の薄さ弱さをいかに克服し、高めていくかという問題が、きわめて重要で緊急であるように思われる。

ところで、先のコメディアンが「世話になった人には、お返しをしなきゃいけないでしょ」と、報恩への意思を自明のこととしており、世話になったその恩人は、彼の熱烈なファン（母親や妻も含む）であった。そんな脈絡からすれば、たとえば私にとっては、妻や家族や教会のよふぼく信者や教会関係の人々の力添えや後押しを頂いているので、ただ、ありがたいの一語に尽きる。

だが、それとは比ぶべくもなく、私が絶大なるご恩を頂いているのはどなたかといえば、その方は私に命を与え、寸刻の休みなく守護され、かつ私をよふぼくとしてお使いくだされている真実のをやである。その親心、ご恩の限りないことは到底、筆舌に尽くせるものではない。それを思えば、このコメディアンの報恩への意思に、質においても行動においても引けをとらぬ心意気で私は通りたい。信仰者なら、それができるのだ。

をやの大願である世界一れつをたすけたいとの思召《おぼしめし》に、少しでもお役に立ちたいという心が油然《ゆうぜん》と湧き上がってくるではないか。自発的にして積極的な布教の実践となってくるのだ。

前にも述べたが、親心を求め、湧き立つ喜びをもって、すなわち教えの台であるかりものの理を肚《はら》に据えるという信仰の原点に立ちかえることが、布教活性化の問題解決の不可欠な要因、かつ最優先課題であることは明白ではないかと、私は思うのである。

かりものの理は〝実践教理〟である

かしもの・かりものの理が心に治まるについては、長い道のりであったと、いま私は自分自身の来《こ》し方を振り返っている。とはいえ、まだまだ十分でなく、やっと門戸が開いたといったほうが適切かもしれない。

私は十八歳のとき、父親（飾大《しきだい》分教会初代会長）の出直しが手引きとなって別席を運び、おさづけの理を拝戴《はいたい》させていただいたことは以前にもふれた。その別席運び中に、北礼拝場で神殿おたすけ掛の先生から聞いたわずか十分ほどのお話が、かりものの理について真正面から取り組もうと心に期した私の生涯の課題の契機となった。

「私は八十近い年寄りだが、朝、目が覚めると、天井が見えますのや。ああ、きょうもまた神様のご守護を頂いて、いろいろなものを見せていただけると思うと、肚《はら》の底からグウッと喜びが込み上げてきて、思わず知らず手を合わせ、神様にお礼を申し上げますのや……」と淡々と語られる姿に、かりものの理とはこういうものかと、私は新鮮な刺激を受けた。

私は教会に生まれ育ち、かりものの理については常々両親からも聞かされ、自分でも説明ができるほど分かっているつもりでいた。ところが、このお話によって自分自身を省みるとき、私は何も分かっていなかったということ、また、知っていること（知識）と心に治まること（信仰）とは全く別のものだということ、さらに、かりものの理が肚に治まれば、人間の生き方が大転換することなどを学んだ。

事実、この先生のように、かりものの理を胸に治めることにより、湧《わ》き上がるような喜びと、神様のご恩に応《こた》えたいという、自主的にして積極的な行動が生まれてくることを身をもって示されていることに、私は感動したし、私もそうなりたいと思った。

混沌《こんとん》として苦渋のただ中にいた私自身が、これを契機としてわが心を拓《ひら》き、転換できるのではないかと、一筋の光明を見いだした思いであった。

だが、それは簡単なことではなかった。私の生来の性癖のためか、長い歳月、私の身上や事情、また数えきれぬおたすけの場数を踏んで、ようやくにして肚の底から込み上げる身上かりものの喜びを味わい、それをバネとしたたすけの実践が、いささかできるようになったと思える昨今である。

さて、ほんの一例だが、強烈な印象を受けたおたすけ（実は私のたすかり）について述べてみたい。

食道がんや膵臓《すいぞう》がんなどで余命いくばくもない婦人のおたすけに、入院先の病院へ運ばせていただいたある日、あたかも地の底からうめくような、苦しげで悲痛な叫び声が廊下まで聞こえてきた。私は急ぎ病室に入った。医者も駆けつけ、応急処置を施したが、うめき声はしばらく続いた。なんとも形容しがたいその叫び声は、私の耳の底にこびりついて消え去らず、その日は食事も取れなかった。

付き添いの身内の人から聞いた話では、病人は長らく口から何も取ることができずにいた（医者から厳に禁じられていた）が、本人の食べたいという執念から、本人自身が考えに考えた末、カニ味噌《みそ》なら大丈夫だろうと、ほんのひと口、それこそ舐《な》めさせてもらったのだ。「ああ、おいしい」と言った途端、それが喉《のど》を刺激し、激痛の叫びとなった。人間心のすさまじさと、かりものの身の厳しさに、私は戦慄《せんりつ》さえ覚えた。

それ以後、私は、私自身が食べられるということに心底から喜べるようになった。「水を飲めば水の味がする」との教祖のお言葉が、胴身《どうみ》に染《し》みるようであった。かりものの理が少しは分かってきたからであろう。

そんなことから、私はどんな食べ物にも拒否反応を持たなくなった。たとえば、国内外のどこに行っても、その土地独特の食材や民族古来の家庭料理も喜んで食べるので、時には珍しがられ、あるいは歓待されて、訪問先の家族との親密感が一段と増すこともある。ありがたくも、予想だにしなかった効用である。

かつて二十世紀の世界を風靡《ふうび》した西欧の思想家の墓には、「すべての哲学者は世界をいろいろに解釈しているにすぎない。大切なことは世界を変えることである」と刻まれているという。私は、お道の教えはすべて、自己自身を革《あらた》め、世界を立て替える（陽気ぐらし世界実現の）ための実践教理であると理解している。特に、自らが、かりものの理を心に治めるという心の立て替えが大切だ。

それは、果てしない親心に応える、たすけの実践へと発露していく。すなわち、かりものの理が具体的なたすけの実践となってこそ、ほんものといえるのではないか。

「念ずる者でも、用いねば反対同様のもの」（明治29・4・21）と教えられる。かりものの理は〝実践教理〟である。知っている、分かっているだけでは、をやに逆らうことにもなるのだ。をやはいま、用いることを急《せ》き込まれているのだと、私は痛切に感じるのである。

〝大苦の人〟を三年後の心定めに

夜もかなり遅くなって仕舞い風呂に入り、身体《からだ》を湯に浮かべているときなど、さまざまな妄想《もうそう》が頭の中を駆け巡る。身辺の雑事や、これからの私の歩み方など、いろいろな構想が浮かんでは消え、時の経《た》つのも忘れてしまうほどだ。

教祖百二十年祭の年も大詰めを迎えた。年祭活動と今年の結果や成果などを思い、〝これでよかっただろうか〟と考えながら、時にはお道のひと節である三年後の自分が素敵に生きているイメージを描くのである。年齢や体力のことなど度外視し、心に任せてイメージを描くこと自体、妄想といえるかもしれないが、楽しいひと時である。

先日も本部月次祭に参拝し、多くの帰参者と心揃《そろ》えて、みかぐらうたを唱和させていただいた。同じ道を歩む人々との連帯感が醸《かも》し出される、心弾むひと時であった。「十《ド》　このたびいちれつに　だいくのにんもそろひきた」と歌い終え、合掌しながら最終のお歌を味わい、感動を新たにした。

さあ、これから「だいくのにん」にをやが入り込み、これを用いて、いよいよ本格的に世界たすけに掛かるのだと、をやの意気込みというか、大きく強く明るい思召《おぼしめし》を宣言されているように思えたのだ。

ところで、をやが待望されている「だいくのにん」とは、いかなるよふぼくか。もとより「大工の人（要員、人衆）」との意味は承知しているが、私の悟るところ「だいく」とは大苦、大いに苦労した人、それも、わが事わが身のために苦労するのではなく、をやに真実を受け取っていただきたいと、一筋心で、たすけの実践に大いに励み苦労する人ではないか。そんなよふぼくが近い将来に勢揃いすることを、をやは待ち望んでおられるのであろう。

私は私の性癖のせいか、この一筋心になるために悪戦苦闘してきた、と思っていた。

めへ〳〵のみのうちよりのかりものを
　しらずにいてハなにもわからん　（三　137）

私は、このお言葉に込められたをやの思召が少しは心に治まるにつれ、悪戦苦闘できるのも、かりものの身があればこそ、命を与えていただいているからこそと思えるようになった。悪戦苦闘の意味が大いに変わってきたのである。

たとえば、私の布教地の一つ、マレーシアからの帰参者や修養科生の中で事故や事情が起こり、そのために五年という長い間、マレーシアからのおぢば帰りを自粛せざるを得ない事態となった。なぜなのか、どうすればよいかと苦悶《くもん》した。また、教会で預かっている台湾と中国からの留学生が交通事故で瀕死《ひんし》となるなどの節に直面し、私を信頼してくれている故郷の両親への申し訳なさに心を痛めたこともあった（一年留年したが、二人とも全快のご守護を頂いた）。

これは、をやが敢《あ》えて私に経験させてくださされたのであり、「難儀さそうと不自由さそうというをやは無い」（明治24・1・21）と仰せになる、をやへの絶対的な信頼の密度が一段と増したように思う。

つらい、苦しいと思いながらも、こんなことでくたばってたまるかと自分を鼓舞してきたが、実はこれは、「かしもの・かりものの理」を私の心にしっかり治めさせてやりたいという、をやの深い思召によるお仕込みであり、心の成人への励ましであると思えるようになった。この親心に応《こた》え、たすけの実践に一層努力してこそ、実践教理であるかりものの理を教えられるをやの神意に適《かな》うのだ、と思うようになった。

このたびの年祭活動では、届かぬながらも、かりものの身上を存分に使わせていただき、よふぼくとしてお使いいただき、そのうえ、かつてない感動や湧《わ》き立つ喜びを体験させていただけたように思う。ありがたいことである。

「目標を見据え直し」という真柱様のご教示である。これを念頭から放さず、三年後の私は、をやが「だいくのにん」と仰せいただくその一人に、なんとしても加えていただきたいと心が勇む。私はまだまだ「だいく」にはほど遠いが、たすけの実践に大いに苦労させていただきたいと思う。

世間でも「苦労人」とは、人の心の襞《ひだ》に分け入り、悩み苦しみを表に現そうとしない人々に心配りのできる人をいうではないか。「だいくのにん」は、たすけのための大いなる苦労人、しかも迫力ある実践の人であろう。三年後は、そんな素敵な自分になっているとイメージすることで、その実現に挑戦したいという意欲が湧いてくる。

そうした妄想が自分の夢となり、さらに私の目標、心定めとなっていくのである。心が定まると、その達成に精神を集中し、余念を排すことができ、「だいくのにん」とイメージが重なり合ってくる。これは楽しく嬉《うれ》しいことだが、同時に緊張感が膨《ふく》らんできて、温かい風呂の湯によるだけでなく、私の身体はいっそう火照《ほて》ってくるのだ。

こんな妄想の一端を述べさせていただき、筆を擱《お》かせていただくことにする。長期間、私の拙文にお付き合いいただき、まことにありがとうございました。

あとがき

立教一六六年（平成十五年）の春、道友社から、天理教の機関誌『みちのとも』に「信仰随想」を執筆しないか、という内容の連絡を頂いた。

思いもかけぬこととて、それから編集部との何回かの話し合いの結果、その年の七月から一年間（十二回）にわたり、「求道と布教」というテーマで書かせていただくことになった。

「求道と布教」という、よふぼくにとって最重要課題であり、かつ、教祖百二十年祭活動という重大な時旬に、これは私の信仰を根本的に検討できる最良の機会であると思いつつも、大切な機関誌をけがすことになるのではないかと、一抹《いちまつ》の不安感も無きにしもあらず、というのが正直な気持ちであった。

　私は若いころからの習慣を持続し、ワープロなどを使わず、一字一字、原稿用紙をうずめるのが楽しく、また、原稿を書く場所も選ばず、たとえば海外へ赴《おもむ》く機中や宿舎などでペンを執ることが多く、自教会のわが部屋の机に向かって書くことは案外少ないのだが、執筆の回を重ねるにしたがい、次々と構想が湧《わ》いてきて、楽しく書かせていただくことができた。

　ただ、読者の反応はどうかと気にかかるのだが、いつものようになかなか響いてこないありさまであった。しかしあるとき、新大阪駅の構内の雑踏の中で、行きずりの教会長らしい人（お名前も教会名も分からない）から突然声を掛けられ、「いつも辛口《からくち》の文章を読ませてもらっています」と言われたのには驚いた。読んでくださっているのだと、嬉《うれ》しい思いをしたことがある。

　一年の連載の予定が、請われるまま（あるいは、おだてられるまま）、三年六カ月（四十二回）の長期にわたり、教祖百二十年祭の年いっぱいまで、貴重な誌面を提供していただいて、まことに感謝に堪《た》えない次第である。

なお、立教一六八年一月六日、自教会のお節会《せち》団参で、おぢばの第三食堂でおとそを頂いているとき、前《さき》の真柱様から、わざわざお言葉を掛けていただいた。

私の家内が天理高校で前真柱様と同期で、たしか同期の同窓会が開かれたときに、その末席に連なり、そのときのお礼に同級の友人とともにご挨拶《あいさつ》させていただいたとき、「旦那《だんな》さん（私のこと）も来ているのか」とお尋ねになられたと、家内は私に言うのであった。

私は早速ご挨拶に伺ったところ、「毎月、読んでいるで」と仰せいただいた。私は、恐縮するやら感激するやらで、ただ「ありがとうございます」と申し上げるのが精いっぱいであった。

なお、本書の出版に際し、『みちのとも』に連載の稿（第二部「わが心より真実を見よ」――若干、手を加えた部分もある）のほかに、新たに書き下ろした稿（第一部「かりものの理に生きる」）は、常々、私の信仰者として生きる主題としていることを、あらためて書き加えさせていただいた。内容のうえでは、第一部、第二部を問わず、私の「求道と布教」がテーマであることに変わりはない。

思えば、教祖御年祭という「たすけの旬」に、布教実動においても、また自らの信仰を掘り下げるこのたびの執筆においても、届かぬことながら精いっぱい、わが心も身も働かせていただけたことは、まことにありがたく、嬉しいことであった。

もちろん、これは私の人生にとっての一つの通過点の記録である。まだまだ未熟であり、「次」に向かって、一歩も二歩も前へ進もうという気概は横溢《おういつ》しているつもりである。

教友の皆様方の率直なご意見やご感想を聴かせていただくことができれば、望外の幸せである。

なお、『みちのとも』誌面に毎回、青山文治《あおやまぶんじ》氏の適切な挿絵《さしえ》が、堅苦しい私の拙文に温かい雰囲気を醸し出してくださり、ありがたいことであった。

末筆になってしまったが、道友社の上田嘉太郎《うえだよしたろう》社長をはじめ、深谷善太郎《ふかやよしたろう》・次長兼編集出版課長、また毎回、具体的な意見交換や指示を頂き、お世話になった元デスクの松本泰歳《まつもとやすとし》氏に、厚く御礼申し上げる次第である。

立教百七十年（平成十九年）盛夏

竹川俊治

竹川 俊治（たけがわ しゅんじ）

昭和４年（1929年）、大阪市生まれ。京都大学文学部哲学科卒業。結婚と同時に夫婦で東京へ布教に出る。同33年、飾大分教会長就任。平成13年（2001年）、辞任。この間、大阪府教誨師、道友社『天理時報』編集主任、大阪教区主事、天理教集会議長などを歴任した。

昭和56年から単身、台湾布教を志し、現在までに教会２カ所、布教所２カ所、マレーシアにも布教所を開設。平成14年から、中国・福州市で単独布教。現在、中国各地に６カ所の講社がある。

著書に『不信をのり越えて』『神がはたらく』（ともに道友社刊）がある。

かりものの理に生きる

立教170年（2007年） 10月１日　初版第１刷発行

著　者　竹《たけ》川《がわ》 俊《しゅん》治《じ》

発行所　天理教道友社
〒632-8686　奈良県天理市二島町271
電話　0743（62）5388
振替　00900-7-10367

TENRIKYO DOYUSHA

印刷所　株式会社天理時報社
〒632-0083　奈良県天理市稲葉町80

ISBN 978-4-8073-0523-0
定価はカバーに表示